Christian Heinrich Spiess

Friedrich, der letzte Graf von Toggenburg

Christian Heinrich Spiess

Friedrich, der letzte Graf von Toggenburg

ISBN/EAN: 9783743352865

Hergestellt in Europa, USA, Kanada, Australien, Japan

Cover: Foto ©ninafisch / pixelio.de

Manufactured and distributed by brebook publishing software (www.brebook.com)

Christian Heinrich Spiess

Friedrich, der letzte Graf von Toggenburg

Friedrich,

der letzte

Graf von Toggenburg.

Ein Ritterschauspiel

in vier Aufzügen

von

C. H. Spieß.

1794.

Perſonen.

Graf Friedrich von Toggenburg.

Mathilde, ſeine Tochter.

Ulrich, Statthalter von St. Gallen.

Ritter von Lüttisburg, des Grafen Vogt.

Schenk von Landegg.

Truchſes von Büchelſee.

Edler von Eppenberg, des Grafen Edelknecht.

Jobſt, ein Thurmwächter.

Anna, ſein Weib.

Edelknechte, Reiſige, Diener und Knechte.

Erster Aufzug.

(Gemach des Statthalters zu St. Gallen)

Erster Auftritt.

Der Statthalter (auf und abgehend)
Schenk von Landegg, (welcher eben
eintritt)

Statthalter.

Nun? Kommen sie noch nicht?

Landegg. Hab' mir die Augen bald blind
geguckt, und kann noch nichts entdecken!

Statthalter. Möglich, daß sie aufgehalten, verhindert wurden! Rückfall ist hier nicht
zu besorgen, denn die allmächtige Liebe spornt
sie schon vorwärts zum süßen Ziele, welches ich
ihrer Hoffnung vorhalte!

Landegg. O dafür darf euch freylich nicht
bangen. Eure Absicht erreicht ihr gewiß und
sicher, und ein Schurke und kein ehrlicher Ritter will ich seyn, wenn ich's begreifen kann, was

ihr

ihr durch Erreichung dieser Absicht eigentlich gewinnen wollt, oder gewinnen könnt.

Statthalter. (lächelnd) Glaubs gerne,
daß du dieß nicht einsiehest. Das Gewebe ist
zu künstlich, deine blöden Augen können die fei-
nen Fäden desselben unmöglich entdecken.

Landegg. Hm! Meinen Ehrgeiz müßt ihr
nicht zu stark beleidigen, sonst kostet michs ein
wenig Nachdenken, und ich entdecke sie doch.
Ich will mich eben nicht mit euch messen, denn
ihr habt die Kunst, das Garn zu verwirren,
nach Gründen studirt, aber auf den Kopf bin
ich doch auch nicht gefallen, habe Augen zum
Sehen, und Ohren zum Hören. Kann also mit
ziemlicher Gewißheit schließen, wo ihr hinzielt!

Statthalter. Das wäre! Sieh! Sieh!
Solchen Scharfsinn hätte ich dem Schenk von
Landegg würklich nicht zugetraut! Nun sag ein-
mal an: was hat denn dein Auge gesehen? dein
Ohr gehöret? Wohin ziele ich denn?

Landegg. Ihr fordert mich auf! Wohl!
ich will euch beschämen, und euch beweisen, daß
ich doch ein wenig mehr Achtung verdiene, als
ein blindes Werkzeug, welches eule geschickte
Hand nach Behagen wenden und drehen kann,
wohin sie will!

Statthalter. Säume nur nicht so lange
mit dem Beweise. Ich bin sehr begierig, ihn
zu hören!

Landegg. Die Grafen von Toggenburg waren von jeher Feinde eures Klosters, klopften euch weidlich auf die Finger, wenn ihr um euch greifen, da und dort eine Veste, ein Stückchen Land unter eure Vothmäßigkeit nehmen, und eure Gränzen erweitern wolltet.

Statthalter. Du erzählst mir sehr bekannte Dinge. Diese Bemerkung hätte dein Urgroßvater schon machen können.

Landegg. St! St! Laßt mich erst enden, und sparet bis dahin euer voreiliges Urtheil! Ich muß weit ausholen, um euch desto sicherer zu fangen. Die Zwistigkeiten zwischen den Grafen und euch sind noch nicht beygelegt, sie glimmen noch unter der Asche. Der schwache Athem des alten, nervenlosen Abts wird sie freylich nicht zur hellen Flamme anblasen, aber laßt seinen Nachfolger kommen, und wir werden sehen, ob dieser nicht besser blasen kann? ob er nicht sogleich die Veste Jberg von den Grafen als ein Eigenthum der Abtey zurückfordern wird?

Statthalter. Du sprichst gut, besser als ich's dachte!

Landegg. Ha! Merkt ihrs schon, wo ich hinaus will! Nun werdet ihr mir bald Abbitte leisten, und offen gestehen, daß ich nicht so albern bin, als ich mich manchmal stelle?

Statthalter. Nur weiter! Du hast zwar meine Erwartung gespannt, aber lange noch nicht befriedigt.

A 3 **Landegg.**

Landegg. Also weiter! Des Abts Nachfolger seyd ihr! Denn schon itzt regiert ihr alles, und da ihr einige Becher Wein zu gewißen Zeiten nicht achtet, nicht scheel dreinblickt, wenn ihr den Mönchen manchmal auswärts begegnet, so hängen alle Konventualen wie Kletten an euch, und mein Haab und Gut will ich verloren haben, wenn sie euch nicht einstimmig wählen.

Statthalter. Alles wahr, alles richtig! Aber du entfernst dich immer weiter vom Ziele.

Landegg. O ich nähere mich ihm sehr stark. Der Nachfolge gewiß, wollt ihr itzt vorarbeiten, wollt des alten Grafen Herz mürbe und gefühllos machen, wo t ihn innig kränken, wollt aus dem muntern Alten einen mürrischen, verdrüßlichen Kopfhänger machen, der, gegen alle Freude unempfindlich, immer zwischen seinen vier Pfählen hockt, und sich wenig drum kümmert, ob er eine Veste mehr oder weniger besitzt.

Statthalter. Landegg! Wenn ich einst Abt werde, und ich werde es sicher, so bist du mein Kanzler! Du taugst mir! Unsre Herzen sind verschwistert, sonst hättest du meinen Plan nicht errathen, hättest wohl gar geglaubt, daß dummes Mitleid gegen die Verliebten mich zur Theilnahme ihres Schicksals bewege. Lange habe ich gezweifelt, ob du Probe halten würdest, und ich finde dich unverhaft so ächt, so bewährt. Wer so lange schweigen, gleich einem blinden Werkzeuge

zeuge handeln, und doch alles einsehen kann, dessen Kopf ist zu größern Dingen fähig. Laß von nun an den engsten Freundschaftsbund uns schließen! Sey immer mein Freund, und ich will dirs reichlich lohnen, itzt und in Zukunft!

Landegg. Ihr seyd ja ganz entzückt, und erhebt die Sache weit mehr, als sie's verdient!

Statthalter. O falle nicht in deinen vorigen, dich nun so entehrenden Ton zurück! Lerne deinen Verstand schätzen und ehren. Schon lange mangelte mir ein Freund deiner Art! Viele herrliche Entwürfe mußten ungenutzt schlafen, weil ich Keinen fand, der sie willig auszuführen gelobte. Nun habe ich den Seltnen gefunden, und will sie alle wecken! will dir jede Ausführung mit neuer Wohlthat lohnen, dich reich und hochgeehrt machen!

Landegg. Werds mit Dank erkennen, und sollte ich auch dabey der Ehrlichkeit Abschied geben, und mich ins Gewand des Schalks kleiden. Immerhin! Die Redlichkeit gleicht so ganz einem Baume, der wohlriechende Blüthen, aber keine Früchte trägt! Man labt sich an dem herrlichen Geruche, harrt sehnlich der Frucht, die solch eine geruchvolle Blume bringen soll, und sieht sich am Ende betrogen, muß mit hungrigem Magen auf und davon geben. Seht an mir das lebendige Beyspiel! Ich war vierzig Jahr ein ehrlicher Kerl, ließ alles Ungemach über

A 4

über mich einherstürmen, und blieb immer Schenk von Landegg. Will einmal sehen, was mirs fruchtet, was aus mir wird, wenn ich mich zu allem brauchen lasse.

Statthalter. Ein stattlicher Ritter, für dem sich hundert solche Landeggs, wie du itzt bist, schmiegen und bücken sollen.

Landegg. Soll mir wahrlich wohl thun, wenn ich mich auch einmal empor strecken, und die Thoren verlachen kann, die so tief gebückt, wie weiland ich, einherschleichen.

Statthalter. Sollst die Freude bald genüßen. Doch da ich dich in meine Geheimnisse eingeweiht habe, so will ich dir alles enthüllen, damit wir vereint handeln können. Der einzige Sohn des Grafen Toggenburg ist mit dem Kaiser nach Italien gezogen, er schwelgt dort weidlich, und entnervt seinen Körper durch zu häufigen Genuß der Wohllust. Meine Kundschafter versichern mich einstimmig, daß sein Leben sich binnen Mondenfrist enden muß; dann wird Gräfinn Mathilde die Erbtochter der reichen Grafschaft. Sie ist jung, gesund; und wählt sie sich nach ihres Vaters Willen etwan einen Grafen von Uznach zum Gatten, so kann sie leicht die Mutter einer zahlreichen Nachkommenschaft werden, die durch ihr väterliches und mütterliches Erbe reich und mächtig sich über uns erheben, die Ländereyen der Abtey an sich reissen, und uns am Ende gar verdrängen.

Landegg.

Landegg. Leicht möglich! Man hat der Beyspiele mehr! Doch diesem Unheile werdet ihr weißlich abhelfen, seyd ihm schon beynahe ganz zuvorgekommen!

Statthalter. Ehre, dem Ehre gebühret! Nicht ich, sondern du, du warst der Erste, welcher mir die frohe Nachricht brachte, daß die Gräfinn Toggenburg den Aermsten ihrer Edelknechte innig und zärtlich liebe; dir habe ichs zu verdanken, daß die Blinden mich zu ihrem Vertrauten wählten, und sich glücklich priesen, da ich ihre Leidenschaft billigte. Ich habe Wunder gewürkt, habe mit allen Kräften diese Liebe zur verzehrenden Flamme emporgefacht. Ich habe ihre Sinne geweckt, ihr Gewissen eingeschläfert, und hoffe heute noch das große Werk zu vollenden.

Landegg. Und in was soll diese Vollendung bestehen?

Statthalter. Solltest du würklich das Ende meines Plans nicht einsehen? Doch der Klügste kann nicht allwissend seyn, und ich verbarg ihn zu sehr vor deinem spähenden Auge, weil ich dich noch nicht genug geprüft hatte. So höre denn, und staune über mein Werk. Heisse, innige Liebe fordert Genuß; aber wenn sie wahr und ächt ist, so scheucht sie auch mächtig jede unkeusche Begierde zurück. Ich hoffte vergebens, daß Zeit und Gelegenheit den Fall der Tugend hefördern würde. Ich ließ die Liebenden stundenlang allein, und beobachtete sie doch genau. Aber sie vertåndelten, verküßten höchstens die so herrliche Gelegenheit, und rückten nie vorwårts. Nun trat ich als Mittler auf, sprach von der Wahrscheinlichkeit einer baldigen, sehr möglichen Trennung, von der Gewißheit, daß der alte Graf nie seine Einwilligung zu dieser Liebe geben könne und werde, und ångstigte die Verliebten mit diesen und åhnlichen Vorstellungen durch einige Tage so lange, so unaufhörlich, bis sie endlich verzweiflungsvoll zu meinen Füßen sanken, und um Tod oder Rettung flehten. Ich ward sehr natürlich durch ihr Wimmern und Flehen gerührt, gelobte das Aeußerste zu wagen, und schlug eine heimliche, aber bündige Heurath als das einzige Rettungsmittel vor. O es war eine Freude, zuzusehen, wie die hungrigen Fische sogleich nach dieser schönen Angel schnappten, wie sie fest dran zappelten, und nicht loszureißen waren. Sie unterstützten meinen Vorschlag selbst mit vielen Scheingründen, bewiesen aus hundert vorhergegangnen Fållen, daß das Herz des alten Grafen edel und gut sey, daß er gewiß verzeihen und vergeben werde, wenn Aenderung der Sache nicht mehr in seiner Gewalt stünde. Sie flehten aufs Neue um Ausführung des Vorschlags, und ich gelobte, sie heute auf ewig miteinander zu verbinden.

Landegg.

Landegg. Ach nun wirds helle, nun schwindet der Nebel, und die Sonne dringt durch! Ihr seyd nicht mit einem Stückchen Lande, mit der oder jener Veste zufrieden, ihr wollt bey dieser Gelegenheit der ganzen Grafschaft habhaft werden!

Statthalter. Richtig und herrlich geschlossen! Ja dieß will ich, bald und sicher ausführen. Die Handlungen gehen vor sich, die Folgen können nicht ausbleiben. Der junge Graf Ferdinand stirbt gewiß und bald. Kaum wird die tödtliche Wunde, welche sein Tod dem Alten schlug, zu bluten aufhören, so werden ganz natürliche Folgen ohne mein weiteres Würken die schändliche Heurath seiner Erbtochter mit dem Aermsten ihrer Edelknechte seinem Auge entdecken. O dann wird er wüthen und toben, wird vielleicht vergeben wollen, und nicht vergeben können!

Landegg. Nicht können? Warum nicht!

Statthalter. Weil die vielen Edlen der Grafschaft unmöglich den Nachkommen eines Eppenbergs huldigen, und gehorchen werden. Gieb nur Acht, wie's dann gähren und brausen wird! Wie alles sich dagegen auflehnen, und so das Herz des Alten noch mehr pressen wird! —

Landegg. O laßt mich enden! Laßt mich vollends euren Plan erzählen, damit ihr einsehet, ob ich ihn ganz fasse! — Dann trettet ihr wieder als Mittler auf. Sucht dem ge-

ängsti-

ängstigten Alten aus wahrer Menschenliebe oft
und täglich heim. Bezeigt ihm euer Mitleid
im vollen Maaße, sprecht von schwerer Strafe
Gottes, die oft bis ins dritte, vierte Glied
würkt! Schlagt zum einzigen Versöhnungsmit-
tel den heiligen Aufenthalt in einem Kloster
vor; und willigt dann der arme Alte ein, so
folgt ganz natürlich die Vergabung der erblosen
Grafschaft ans Kloster nach, und ihr werdet
Beherrscher von Toggenburg!

Statthalter. Richtig und herrlich gesprochen! Wanns dann so kommt, so wird mein
Kanzler Landegg Obervogt der mächtigen Grafschaft, und genießt die Früchte seines Fleißes in
Ruhe, denn Keiner der Edlen wird sich der Vergabung widersetzen, Jeder wird froh seyn, daß
er dem Gotteshause gehört, und an unserm
Gebethe Theil nehmen kann.

Landegg. St! hört ihr nichts! Es schleicht
im Vorgemache herum! Wenn sie's wären!

Statthalter. Richtig! (leise) dann wäre
dieß der glücklichste Tag meines Lebens! Geh
hinaus, und führe sie herein!

Landegg. (geht ab)

Statthalter. Muß nun wieder scheinhei-
lig und gleißnerisch thun! Muß den Schaafs-
pelz umhängen, damit die armen Schäflein den
reißenden Wolf nicht erblicken. Wenn nur allzugroße Freude nicht mein Verräther wird, ich
weiß zuversichtlich, daß sie aus allen meinen
                                          Mienen

Mienen schadenfroh hervor guft! Ach, es ist
so schwer sich zu verstellen, und thut so wohl,
wenn man seyn kann, was man ist! Guter
Landegg, mit dir will ich mirs noch oft herzlich
wohl seyn lassen! Er ist mein Mann, mit ihm
will ich würken und weben an meinem Glücke,
an meiner Größe, und niederstürzen, was sich
mir entgegen stemmt.

Zweyter Auftritt.

Der Statthalter.   Schenk Landegg.
Gräfinn Mathilde.   Eppenberg.

Statthalter. (ihnen entgegen) Willkommen! Willkommen! Schon glaubte ich, euch
heute nicht mehr zu sehen! (er drückt Eppenbergs Hand) Wie gehts, mein angenommener
Sohn?

Eppenb. Wohl und gut, wenn ihr mein
Vater bleibt, und mir euren Schutz nicht ent-
zieht. Vater! Retter und Tröster! wir kommen, fest entschlossen, das unauflösliche Band
zu knüpfen, und hoffen, daß ihr unsre Bitte gewähren werdet.

Statthalter. Euer Flehen zwang mir den
Schwur der Gewährung ab, und ich will ihn
halten! Vorher aber ists Pflicht, mit euch, Gräfinn, noch einige Worte zu sprechen. Ihr opfert
eurem künftigen Gatten viel, vielleicht alles auf.

Mathilde.

Mathilde. Vater, ich liebe ihn über alles, ich liebe ihn unaussprechlich, und solch eine Liebe ist des größten Opfers werth. Mein Glück, meine Ruhe, meine Wonne ist er! Nur in seinen Armen kann ich dieß alles finden Glaubt doch meinen Worten, mit denen mein Herz so ganz übereinstimmt! Ich würde die Krone des Kaisers verschmähen, wenn ein Anderer als Eppenberg sie mir böte!

Statthalter. Es ist möglich und wahrscheinlich, daß eures Vaters Herz sich bey der Entdeckung doch nicht erweichen läßt, daß er euch und Eppenbergen aus seiner Burg verstößt! Wer wird dann euch schützen und nähren?

Mathilde. Der, welcher die jungen Raben füttert, und die Lilien auf dem Felde kleidet, wird uns nicht verlassen, und dann auch noch unser Vater bleiben. O ich habe mir schon oft das Aergste geträumt; ich sah mich verstoßen, verfolgt, und irrte mit meinem Eppenberg durch ungebahnte Wege, schlief auf dürrem Laube, und nährte mich mit Wurzeln! Aber die Vorstellung aller dieser Leiden erschütterten meine Standhaftigkeit nicht, denn er war bey mir, er wachte an meiner Seite, und schälte die Wurzeln, welche mir dann herrlich schmeckten.

Statthalter. Solch eine feste, reine Liebe verdient Belohnung, und wenn ihr diese in der Ehe mit ihm findet, so soll sie heute noch vollzogen werden. Mein Busenfreund, ein Priester

meine

meines Klosters, harrt Eurer schon seit einer Stunde in der Kapelle. Landegg und ich werden Zeugen eures Schwures seyn, den kein Mensch mehr auflösen kann.

Eppenb. O Mathilde! hast du's gehört, gefaßt? Kein Mensch kann den Schwur mehr lösen, welchen ich dir itzt leisten werde! Ach ich kanns nicht fassen! Dein! Dein zu seyn auf ewig!

Statthalter. Seyd ihr auch für jeden Nachspäher sicher? Bemerkte Keiner eures Gefolges, daß ihr euch dem Kloster, und meiner Wohnung nahtet?

Eppenb. Keiner! Dafür seyd ruhig und sicher. Mathilde wählt immer absichtlich die ältesten Knechte zu ihrem Gefolge. Sie sinds gewohnt, daß wir unter dem Vorwande der Jagd uns sogleich im Forste von ihnen trennen; sie schlafen indeß ruhig, und danken es obendrein dem guten Herzen der Gräfinn, daß sie ihrer alten Knochen schont, und ohne ihren Beystand das Wild aufstöbert.

Statthalter. So kommt denn, Kinder, kommt! Ich wage viel, denn wenn es einst verrathen werden sollte, daß ich der Förderer eurer Liebe war, so könnte der Zorn eures Vaters schwer auf mich fallen. Doch euch zu Liebe wagte ich noch weit mehr! Kommt, damit ich bald das Vergnügen genieße, euch als Eheleute zu umarmen. (Alle gehen ab)

Drit=

Dritter Auftritt.

(Ein Saal in Graf Toggenburgs Veste.)

Graf Friedrich. Viele Edelknechte,
(gleich darauf) **Lüttisburg.**

Graf Friedrich. (schon im Reden begriffen) Putzt eure Rüstungen, laßt die Federbüsche
wehen, und tummelt die Rosse, damit der Zug
festlich beginnt. Mit Aufgang der Sonne ziehen wir aus, sputet euch also, denn ich will ihn
zu Moßnang empfangen, wo er mit dem frühsten eintreffen wird! (Lüttisburg tritt ein)
Geht, und veranstaltet alles! (die Edelknechte
gehen ab) Nun, Lüttisburg, wie lauten deine
Nachrichten?

Lüttisburg. Euer Kundschafter hat recht
gesehen! Alles ist reine Wahrheit!

Gr. Friedrich. Wahrheit? Unmöglich!
Solch ein schwarzer Undank, solche nie erlebte
Untreue wäre Wahrheit? O Lüttisburg sey nicht
so grausam, sey barmherziger! Versöhne mich
wieder mit der Menschheit! Laß nicht zu, daß
ich in meinem Schmerze ihr fluchen muß! Sag,
es sey eine Mähre, eine schändliche Lüge!

Lüttisburg. Glaubt mir, edler Herr, es
wird meinem Herzen schwer, euch so unange-
nehme Bothschaft zu bringen; aber will ich mich
nicht selbst des Undanks, der euch so wehe thut,

schul-

schuldig machen, so muß ich meinen Rabenge-
sang nochmals wiederholen: Alles ist reine
Wahrheit!

Gr. Friedrich. Ach das schmerzt! das
brennt! das nagt am väterlichen Herzen! Nun
immerhin! Erzähle mir alles! ich will gelas-
sen zuhören, und denken: der da oben wolle
mich prüfen! Sage an: wie lauten deine Nachrichten?

Lüttisburg. Euerm Befehle zufolge, ver-
kleidete ich mich als Knecht, zog nach der Klo-
sterherberge, und ließ mir dort einen Krug Wein
reichen. Ich nahm meinen Plaz am Fenster,
von wo aus ich den ganzen Hof, und vorzüg-
lich des Statthalters Wohnung überblicken
konnte. Einmal hatte ich den Krug geleert, als
Eppenberg mit der Gräfinn langsam durch den
Kreuzgang heraufschlich, und behende mit ihr
in des Statthalters Thüre hinein schlüpfte.
Zum viertenmale ließ ich mir eben den Krug
füllen, als Beyde wieder von dort heraus tra-
ten. Der Statthalter und ein mir unbekann-
ter Ritter geleiteten sie durch den langen Gang
hinunter. Am Ende blieben sie stehen, kosten
sehr freundlich, und nahmen endlich den Abschied mit warmer Umarmung und Küssen.

Gr. Friedrich. Mit Umarmungen, mit
Küssen lohnt er also dem Feinde meines Hauses?
dem Kränker meiner Rechte! Ach es ist schändlich, aber noch mehr als schändlich, daß mein

B   eignes

eignes Blut, daß meine Tochter dabey stehen,
und den Verrath billigen konnte!

Lüttisburg. Es wurmte mir auch wacker,
und hätte ich ein Schwert an der Seite gehabt,
ich wäre hinzu gesprungen, und hätte die Judas=
küsse gewiß verhindert. Zorn und Wuth schnür=
ten mir auch so gewaltig die Kehle zu, daß ich
keinen Tropfen Wein mehr hinunter schlucken
konnte. Ich eilte ins Freye, nahm einen Sei=
tenweg, erreichte mein Roß, und jagte es vor=
wärts.

Gr. Friedrich. Ist Eppenberg schon zurück=
gekehrt?

Lüttisburg. Noch nicht. Aber ich sah sie
langsam vom Forste einherziehen! ich mußte mich
erst umkleiden, ehe ich zu euch kam. Sie müßen
also bald eintreffen. Hört ihr Roßtritte? (er
eilt ans Fenster) Sie sinds! Eben steigt die
Gräfinn ab! Eppenberg hält ihr den Bügel!
O sie lohnts ihm mit sehr freundlichem Blicke!

Gr. Friedrich. Eile hinab! Eppenberg soll
zu mir kommen! stracks! augenblicklich! Du harrst
dann im Vorgemache, bis ich dich rufe! (Lüt=
tisburg eilt ab. Graf Friedrich wirft sich
in einen Sessel, man sieht deutlich, daß sein
Herz kämpft. Er steht langsam auf, schließt
ein Wandkästchen auf, nimmt eine Perga=
mentrolle heraus, und legt sie auf den Tisch)

Vier=

Vierter Auftritt.

Graf Friedrich. Eppenberg.

Eppenberg. Edler Herr, ihr habt befoh.
len!

Gr. Friedrich. (sich fassend, auf- und
abgehend) Wo warst du?

Eppenberg. Ich habe mit Gräfinn Mathilde im Forste gejagt.

Gr. Friedrich. Habt ihr viel Wild erlegt?

Eppenberg. Der Tag ist zu heiß. Die
Thiere suchen Schatten im Dickichte, wohin wir
uns nicht wagen wollten.

Gr. Friedrich. Und weiltet doch so lange?

Eppenberg. Der Schatten behagte der Gräsinn; die allzugroße Hitze hatte sie ermüdet, sie
ruhte, biß die Sonne sich senkte.

Gr. Friedrich. Ihr wart also nur im Forste? Sonst nirgends?

Eppenberg. (betreten) Nirgends!

Gr. Friedrich. Besinne dich wohl! Ueber-
lege, was du sprichst! Würklich nirgends? (Eppenberg will sprechen) St! Nicht zu eilig,
du hast Zeit zur Ueberlegung! (er naht sich
ihm, sieht ihm scharf ins Gesichte, Eppenberg schlägt die Augen nieder und zittert.
Eine lange Pause.) Nun, Eppenberg, sonst
nirgends?

Eppen-

Eppenberg. (äußerst verwirrt) Ich wüßte würklich nicht! — — Sollte irgend jemand euch eine Unwahrheit, oder — —

Gr. Friedrich. Ermanne dich, du sprichst ohne Sinn! Ich will herzlich gerne harren, bis du dich gefaßt hast, und verständiger sprechen kannst!

Eppenberg. (für sich) Allmächtiger! Was soll ich thun! (eine neue Pause)

Gr. Friedrich. Du schweigst? Nun? Also würklich nur im Forste? Doch da du es so oft bekräftigt hast, und nun ganz schweigst, so muß ich es ja wohl glauben. Auch war dieß nicht die eigentliche Ursache, warum ich dich rufen ließ, ich wollte wichtigere Dinge mit dir sprechen. (er legt seine Hand auf Eppenbergs Schulter) Dein Vater war ein treuer, ein biederer Ritter! Er rettete mir in dem unglücklichen Gefechte gegen die Eidgenossen das Leben! Sein Körper war mein Schild, und als er auf dem Schlachtfelde starb, schwur ichs in seine blutende Hand, daß ich dein Vater werden wollte. Sprich nun, habe ich Wort gehalten? Habe ich meinen Schwur redlich erfüllt?

Eppenberg. (in größter Verlegenheit, bis zu Thränen gerührt) O nur allzu redlich! Ich habe euch ja alles zu verdanken! Was wäre ich ohne euch?

Gr. Friedrich. Ich danke dir für dein Zeugniß! Noch habe ich aber einen Wunsch deines Vaters zu erfüllen. Er bat mich, seine verpfändete Veste zu lösen! Gestern that ich's, und sie ist von itzt an dein Eigenthum! Ziehe hin! Nimm sie in Besitz und erinnere dich stets, daß deines Vaters Treue sie dir erworben hat.

Eppenberg. Edler Herr! Ich bin! O ich vermags nicht, euch zu danken! Seyd — — Ich wollte — — O bleibt stets mein Vater!

Gr. Friedrich. (mit Nachdruck) Ich werde deiner nie vergessen! Geh! Sohn meines Erretters! Geh, und lebe vergnügter als ich!

Eppenberg. (sinkt zu seinen Füssen nieder. Er will sprechen, und vermags nicht, stammlend) Lohns euch der Ewige! (er eilt hastig nach der Thüre)

Gr. Friedrich. Eppenberg! Du gehst würklich? Hast mir nichts zu sagen? Nichts zu entdecken und zu bereuen? Auch neue Wohlthaten erweichen dein verstocktes Herz nicht? O du bist ein vollendeter Bösewicht, der mit meiner Nachsicht Spott treibt, und mein Mitleid verhöhnet! Du verdienst keine Barmherzigkeit! Du forderst trotzend Strafe, und sie soll dir im vollen Maaße werden! Lüttisburg!

Lüttisburg. (tritt ein) Edler Herr!

Gr. Friedrich. Sendet nach dem Thurmwächter! Er soll mit Reisigen und Ketten erscheinen

nen, und den Bösewicht (auf Eppenberg zeigend) im Thurme verwahren.

Lütisburg. (eilt ab)

Eppenberg. Edler Herr! ich —

Gr. Friedrich. Kein Wort mehr, mit mir!
Es würde vergebens verschallen! Wende dich an
Gott, und versöhne dich mit ihm! Da! lies!
(er wirft ihm die Pergamentrolle zu) Lies
laut! Ich ließ dich lesen lehren, aber wahrlich
nicht zu diesem Gebrauch! Lies und bekenne deine Schande laut! Ich gebiete es!

Eppenberg. (liest zitternd, oft fürchtet
er das Aergste zu lesen, stockt, faßt neuen
Muth, und liest weiter) "Konrad des heiligen römischen Reichs Fürst und Abt zu St.
Gallen entbiethet Friedrichen Grafen zu Neu-Toggenburg seinen freundnachbarlichen Gruß, und
sendet ihm seinen väterlichen Segen! Nachdem
ich schon alt und lebenssatt, durch schwere Fehde und blutiges Kriege entkräftet, und darnieder
gedrückt bin, so habe ich als ein Verkündiger
des Friedens und Priester Gottes schon öfters
den Allmächtigen angefleht, daß er mir Friede
mit allen meinen Nachbarn, und Einigkeit
mit allen meinen Feinden gnädiglich verleihen
wolle, habe daher auch, ohne Rast und Ruhe
alles angewendet, um die Zwistigkeiten zu been-
den, die schon so lange Jahre zwischen uns und
eurem Hause obwalten. Vielleicht hätte ich
auch dieß gottgefällige Werk noch vor meinem

Tode

Tage vollbracht, wenn nicht mein Statthalter,
dann auch mein Lehnprobst, und viele Andere
meiner Konventualen, sich jedem Vergleiche, den
ich euch bieten wollte, mit der Behauptung wi-
dersetzten, daß Fehde mit euch itzt mehr als je
nöthig, und räthlich sey, weil Einer eurer ge-
treusten Diener sich zu ihrem Freunde erböten,
und alle eure Anschläge gegen das Kloster uns
verrathen würde. Ich habe Zeit meiner schwe-
ren Regierung oft und viel gekämpft, aber immer mit Unwillen, und überlasse, wenn ich auch
itzt noch kämpfen muß, den Ausgang der Fehde
Gott dem Allmächtigen. Daher sey's ferne von
mir, Verrätherey zu nützen, deswegen warne
ich euch freund- und nachbarlich, den jungen
Eppenberg eures Vertrauens nicht werth
zu halten. Er pflegt geheime Freundschaft mit
meinem Statthalter, und sucht sogar das Herz
eurer Tochter von euch abwendig zu machen.
Schon mehr als einmal haben mir meine Ge-
treuen die Nachricht gebracht, daß Eppenberg
samt eurer Tochter den Statthalter heimsuchen
kommen, und stundenlang bey ihm verweilen.
Sendet, nicht wenn sie ausziehen, Späher
nach, und ihr werdet erfahren, daß ich's redlich
meyne, und offne Wahrheit spreche. Wollt ihr
dann zum Lohne meines Biedersinns, mir die
Veste Iberg, auf welche ohnehin mein Kloster
die gerechtesten Ansprüche hat, im gütlichen
Vergleiche abtreten, so will ich die Anschläge
eurer

eurer und meiner Feinde vernichten, die Macht meines Amtes und meiner Würde vollkommen handeln, und einen ewigen Frieden mit euch und euren Nachkommen schließen, damit auch ich in Ruhe und Friede in meine nahe Grube fahren kann. Erwägt den Antrag, und gebt mir bald Bescheid!" (er steht mit niederge= schlagenen Augen, und stillschweigend vor Friedrichen)

Gr. Friedrich. Du kennst nun deine An= klage? Wie willst du dich gegen sie vertheidi= gen?

Eppenberg. Ich bin unschuldig! War euch stets treu und ergeben, werde es ewig seyn!

Gr. Friedrich. Schändlicher Heuchler! (er reißt ihm die Rolle aus der Hand) Un= schuldig? Unschuldig? Wisse! Ich habe den Rath des Abts befolgt, habe heute euch Spä= her nachgesandt. Warst du mit meinem unge= rathnen Kinde nicht im Kloster?

Eppenberg. Edler Herr, ja! Wir waren dort!

Gr. Friedrich. Hast du mit ihr nicht den ärgsten Feind meines Hauses heimgesucht? Hast du nicht einem andern Judas gleich den Statt= halter im Kreuzgange öffentlich geküßt? Ent=

Eppenberg. Vater! Wenn ihr wüßtet! — Sprecht mit eurer Tochter! Ich bin strafbar, ich bin mehr als dieß; aber Gott sey's geschworen, ein Verräther bin ich nicht!

Gr. Friedrich. Dein Läugnen soll dir nichts fruchten! Binnen drey Tagen erwarte ich reines, offnes Bekenntniß all deiner verrätherischen Handlungen, all deiner Thaten, oder, so wahr mir Gott helfe, du blutest unter dem Beile des Henkers.

Eppenberg. (will sprechen)

Gr. Friedrich. Geh! kein Wort mehr! Ich habe geendet! Du hast meinen Schwur gehört, und ich werde ihn halten. Lüttisburg!

Fünfter Auftritt.

Vorige. Lüttisburg.

Gr. Friedrich. Ist der Thurmwächter hier?

Lüttisburg. Zu eurem Befehle, gestrenger Herr.

Gr. Friedrich. Ueberliefere ihm den Buben. Er soll ihn fest schließen und eng verwahren. Sein Kopf sey mir für ihn Bürge!

Lüttisburg. (zu Eppenberg) Folgt mir!

Eppenberg. Edler Herr, thut, was ihr wollt! Aber bedenkt, daß mein Vater sein Leben

B 5 für

für euch aufopferte, daß sein Blut in meinen
Adern rollt, und ich keiner Verrätherey fähig
bin! (geht mit Lüttisburg ab)

Sechster Auftritt.

Graf Friedrich, sogleich darauf Lüttisburg.

Gr. Friedrich. (geht mit großen Schrit-
ten auf und ab, und wischt sich Thränen
aus den Augen) Lüttisburg!

Lüttisburg. Was steht zu eurem Befehle?

Gr. Friedrich. Wo ist meine Tochter?

Lüttisburg. Wie ich Eppenbergen zu euch
rufte, gieng sie nach dem Garten!

Gr. Friedrich. Ich will sie sprechen!

Lüttisburg. Edler Herr, itzt nicht! Ihr
seyd im Zorne! Es ist Euer Kind!

Gr. Friedrich. Ein Kind? Ein Kind?
Verdient sie wohl diesen Nahen, da sie die
Unterhändlerin meiner Feinde ist, mich verrathen, vielleicht mein Leben an sie verkaufen
will!

Lüttisburg. Ihr urtheilt zu strenge! Immer ist sie nur die Verführte. Leicht möglich,
daß sich eine mächtigere Leidenschaft ins Spiel
mischte, daß — —

Gr.

Gr. Friedrich. Wie meynst du dies?

Lüttisburg. Verzeiht meinem vielleicht zu voreiligen Urtheile! Vielleicht hat die blühende Gestalt des Eppenbers Eindruck auf das Herz eurer unerfahrnen Tochter gemacht; vielleicht hat der Nichtswürdige diesen Eindruck zu seinem Vorhaben benutzt, und zu seinen verrätherischen Absichten gemißbraucht.

Gr. Friedrich. O das wäre doppelt schrecklich! Dann — dann wären alle meine Aussichten vernichtet, dann wäre ich der unglücklichste Vater! Freund, du hast mein Herz tödlich verwundet. Wann sie würklich ihn liebte! Nicht von ihm lassen, keinen Andern wählen wollte! Lüttisburg, du hast fürchterlichen Sturm in mir erregt!

Lüttisburg. Noch iſt's nur Muthmaßung.

Gr. Friedrich. Die aber nur allzunahe an Gewißheit gränzt! Du urtheilst recht und wahr: Nur Liebe kann das Herz eines Kindes von seinem Vater abwendig machen, nur Liebe kann das beste Herz vergiften! O ich muß Gewißheit haben! Ich muß andre Maaßregeln ergreifen, muß meinen ganzen Plan ändern. Steh mir bey, treuer Freund, hilf mir einen neuen ordnen.

Lüttisburg. Befehlt eurem Diener! Meine Fauſt, mein Herz, mein Kopf ſey euch ganz gewiedmet.

Gr. Friedrich. Die letzten Nachrichten aus Italien beunruhigen mich sehr. Die Gesund-

heit

helt meines Ferdinands welkt dahin, und mir
bleibt wenig Hofnung, in ihm meinen Erben
wieder zu sehen. Und dann in diesem traurigen
Falle wenigstens meiner Tochter die Gräffchaft
zu sichern, habe ich mit dem alten Uznach den
Vertrag geschlossen, daß sein Sohn meine Töch-
ter ehlichen soll. Mit ihm stehen Viele der Mäch-
tigsten im engen Bündniße, und er hat Macht
und Gewalt, das Erbe, welches er mitgenießen
wird, gegen alle Anfälle und ungerechten An-
griffe männiglich zu vertheidigen.

Lüttisburg. Um deswillen rathe ich euch
um so mehr Mäßigung, damit ihr, im Falle
ich wahr urtheilte, nicht das Herz eurer Tochter brecht, und kinderlos sterben müßt. Ohne
Zweifel ist der unbekannte Gast, von dem ihr
schon oft spracht, und dem ihr morgen entgegen ziehen wollt, der junge Graf von Uznach?

Gr. Friedrich. Er ist's! Ein schöner blü-
hender Jüngling voll Edelmuth und Biedersinn.
Ihn blendet nicht die mögliche, künftige Erbschaft, ihn fesselt nur der allgemeine Ruf, daß
meine Tochter eben so tugendhaft, als schön sey.
Er selbst beschwor mich, die Absicht seiner Her-
kunft allen meinen Leuten, selbst meiner Tochter zu verhehlen. Ich will, sprach der wakre
Junge, nicht als bestimmter Gatte vor ihr erscheinen, will erst ihr Herz, und dann euer Ja-
wort zu gewinnen suchen. Urtheile nun selbst,
welche herrliche Zukunft ich mit Recht mir träu-

men

men konnte, und wie schnell deine schreckliche
Muthmaßung sie mir auf einmal raubt!

Lüttisburg. Wollte Gott, ich wäre ein
falscher Prophet gewesen! Trift aber auch meine Weissagung ein, so ist um deswillen noch
nicht alles verloren. Die Absicht des jungen
Grafen kann alles wieder gut machen. Bleibt
bey seinem Plane, laßt ihn nicht als den be-
stimmten Gatten, laßt ihn nur als einen ange-
nehmen Gast in eurer Burg erscheinen. Seine
Tugend, seine Schönheit wird der verblendeten
Gräfinn bald die Augen öffnen, sie wird wenigstens den elenden Eppenberg mit dem schönen
Grafen Uznach zu vergleichen anfangen, und
traun, ich müßte das Herz der Weiber nicht
kennen, wenn die Vergleichung nicht zum Vortheile des Letztern ausfiele.

Gr. Friedrich. Du bist ein meisterhafter
Tröster! Verstehst's herrlich, angenehme Hoff-
nungen zu wecken.

Lüttisburg. Ohne wahrscheinlich guten
Erfolg würde ich sie nicht zu wecken suchen.
Noch kann ich auch selbst nicht für den ganzen
Erfolg stehen, aber immer werdet ihr mit Gü-
te mehr als mit Zwang ausrichten.

Gr. Friedrich. Bin ganz deiner Meynung!
Hätte ich eher mit dir gesprochen, ich würde
selbst den Verräther Eppenberg glimpflich behandelt, ihn nicht eingekerkert haben. Liebt sie
ihn würklich, so wird diese Handlung ihr Herz
gegen

gegen mich empören, es noch mehr von mir
abwendig machen.

Lüttisburg. Wohl gesprochen! Aber auch
hier ist noch Rath zu finden! Seine Gefangenschaft hat wenigstens den Nutzen, daß ihr
sicher und gewiß erfahren könnt, ob eure Tochter ihn wirklich liebt. Ihre Fürbitte wird euch
sogar von dem Grade derselben deutlich überzeugen, und nach diesem müßt ihr eure Maasregeln nehmen. Ist ihre Fürbitte nicht dringend, nicht anhaltend, so kann wohl ihr Auge,
aber ihr Herz noch nicht geblendet seyn. Weint
sie aber, wirft sie sich zu euren Füssen, ringt
sie die Hände, so liebt sie ihn wirklich, und dann
müßt ihr euch auch ganz anders benehmen.

Gr. Friedrich. Und wie, geprüfter Freund,
wie?

Lüttisburg. Dann müßt ihr dem liebenden Herzen nicht alle Hoffnung rauben, und
euch zwar immer stellen, als merktet ihr die Leidenschaft eures Kindes nicht, aber ihr auch eben
so wenig die Größe von Eppenbergs Verbrechen
entdecken. Sagt ihr, daß er nicht rittermäßig
gehandelt, und dafür einige Monden im Gefängniße büßen soll. Vermindert um ihrer Fürbitte
willen die Dauer desselben bis auf einen Mo-
den, ihr werdet dadurch ihr Herz zur Dankbar-
keit verpflichten, sie wird nach so kürzer Zeit
ihren Ritter wieder zu sehen hoffen, ruhig den

Tag

Tag seiner Befreyung erwarten, und indeß die
Vorzüge des fremden Gastes kennen lernen.

Gr. Friedrich. Dein Rath ist gut, ruft
meine Tochter, damit ich ihn ausführen kann.

Lüttisburg. Auf diese Art würdet ihr alles verderben. Laßt das Gerücht von Eppenbergs Gefangenschaft würken, es wird bald zu
ihren Ohren, und sie dann sicher zu euch kommen. — Hörte ich nicht ihre Stimme? Seht!
ich habs errathen!

Gr. Friedrich. Laß mich mit ihr allein,
damit sie ohne Zwang sprechen kann. (Lüttisburg geht ab, Mathilde begegnet ihm unter der Thüre)

Siebenter Auftritt.

Graf Friedrich. Mathilde.

Mathilde. (sie eilt auf ihren Vater zu.
Angst und Kummer herrscht in ihrem Blicke) Mein Vater! Ists wahr, daß ihr Eppenbergen, mit Ketten belastet, in den Thurm
schicket?

Gr. Friedrich. (kalt) Es ist so! Seine
Aufführung behagte mir schon lange nicht! Er
hats verdient, und mag einige Stunden dafür
im Kerker büßen! Doch was kümmert seine
Gefangenschaft dich?

Mathilde. Nein, Vater, wenn ihr strafen
wollt, so straft mich. Ich, nur ich habe Stra-

se verdient! O Verstellung kleidet euer redliches Angesicht nicht! Ihr wißt alles!

Gr. Friedrich. Was soll ich wissen? Daß Eppenberg oft mit dir auf die Jagd zog, dich noch öfter zu dem größten Feind deines Vaters führte, dieß weis ich, aber daß du seine böse Absicht eingesehen, dich mit ihm zu gleicher Absicht verbunden hättest, dieß werde, dieß kann ich nicht glauben; denn du bist mein Kind, und ich kenne dein Herz! Drum sey unbekümmert! Sein Verbrechen verdient zwar Strafe, aber ein paar Monden langes Gefängniß wird ihn schon zur Besserung bringen, und erfolgt diese, so verspreche ichs deiner Fürbitte, daß ich alles vergessen will.

Mathilde. Vater, um Gotteswillen seyd barmherziger! Verbergt euren Zorn nicht unter diesem kalten frostigen Blicke! Schüttet ihn aus über die Schuldige, sie hat ihn verdient, aber laßt mich bey dieser Verstellung nicht das Aergste vermuthen! O es wäre schrecklich! O es würde euch kinderlos machen, wenn ihr — seht, wie ich bey dem möglichen Gedanken schon zittere und bebe — wenn ihr ihn vielleicht eurem Ehrgeize opfern, und morden wolltet.

Gr. Friedrich. Mathilde! Wie sprichst du?

Mathilde. O laßt mich enden! Laßt euch alles offenbaren, was euer kalter Blick zu wissen verneint! Ihr werdet daraus erfahren, daß sein Wehe, seyn Unglück, sein Tod, auch mein

Wehe,

Wehe, mein Unglück, mein Tod sey! Ja, Vater, unsere Herzen sind eins, ihr tödtet mich mit ihm! Ach! Erbarmt euch meiner! Gönnt' mir Zeit! (zu seinen Füssen niedersinkend) Ich wills versuchen, euch meine namlose Liebe zu schildern!

Gr. Friedrich. (sie aufhebend) Kind! Mathilde! Einst wahrscheinliche Erbinn der grossen Grafschaft Toggenburg! erhole dich! Bedenke, mit wem, und von wem du sprichst: Eppenberg ist Einer der Geringsten meiner Edelknechte, wie könnte der Vermeßne es wagen, seine Augen auf dich zu richten? Wie könntest du so weit dich ermedrigen, diesen strafbaren Blick zu dulden?

Mathilde. O fragt nicht, wies hat geschehen können, da es schon geschehen ist! Ich ermunterte seinen Blick, wenn sein Auge, geblendet von meiner zufälligen Größe, schüchtern zur Erde sank. Ich gab seiner Miene Worte, ich kam seinem stammelnden Bekenntniße mit offnem Herzen entgegen! Ich bin also die Schuldige, er nur der Verführte.

Gr. Friedrich. Auch soll er um deines so treuen Geständnißes willen für dieß große und neue Verbrechen nicht längere und stärkere Strafe dulden; deiner Fürbitte wegen will ich sie sogar mindern. Er sollte wenigstens ein halbes Jahr im harten Gefängniße büßen; um dich

C   ganz

ganz von meiner Güte zu überzeugen, soll er nur einen Monden lang dort verweilen.

Mathilde. Dank! o herzlichen, warmen Dank für diese große Güte! Aber seyd nicht halb, was ihr ganz seyn könnt. Verzeiht alles unbedingt! Ich kann ohne ihn so lange nicht leben!

Gr. Friedrich. Mathilde! du mißbrauchst meine Geduld eben so sehr, wie meine Güte! Du vergißt, daß du nicht nur mit dem Vater, sondern auch mit dem Grafen von Toggenburg sprichst, dem seine, und seiner ruhmwürdigen Vorfahren Ehre zu sehr am Herzen liegt, als daß er je zugeben könnte, daß der letzte Zweig dieses erhabnen Geschlechtes zur Frau eines Edelknechts herabsänke! Genug und übergenug dieses jugendlichen Unsinns, den ich gerne vergessen will, wenn Besserung erfolgt! Die Milderung seiner Strafe sey dir auch dann noch zugesichert, wenn du mir feyerlich gelobst, daß du nie mehr an ihn denken, ihn wenigstens zu vergessen dich bemühen willst!

Mathilde. Fordert alles, fordert mein Leben! Ich wills euch willig opfern, aber euren Befehl zu erfüllen, vermag ich nicht! Diese unnennbare, diese übergroße Liebe zu ihm zu vertilgen! Nur der Tod kanns, und dieser müßte auch meine Seele vernichten können, sonst würde ich noch jenseits an ihn denken!

Gr.

Gr. Friedrich. Tochter! (mit Ernst) Meine Geduld endet! Hoffe nicht, denn du trügst dich! So gewiß ich meinen Ferdinand gesund wieder zu sehen wünsche, eben so gewiß will ich diesen Starrsinn brechen. Ja, ausgeartetes Kind, brechen will ich ihn, und wenn du dich darüber verbluten solltest!

Mathilde. O Vater, bittet Gott, daß er euren Wunsch nicht erhöre! Ferdinand wäre dann todt, und ich folgte ihm sicher! Raubt mir nicht alle Hoffnung! Ueberlaßt mich nicht der Verzweiflung, ich würde ihrem Winke willig folgen!

Gr. Friedrich. Thörinn! du wagst es, mir zu drohen?

Mathilde. Nein! Ich drohe nicht! O vergebt, wenn ichs that! Ich bitte, ich flehe! Vater! erhört das Wimmern eures Kindes! (Knieend) Mein Vater! O guter, lieber Vater! dieß ist ja auch der Name, welchen wir dem gütigsten, dem größten Wesen beylegen, wenn wir ihn um Erbarmung anflehen! Gebt mir meinen Eppenberg wieder!

Gr. Friedrich. Unsinnige! Du flehst vergebens! So lange ich athme, soll er dir nie werden; und, so wahr ich Graf von Toggenburg bin, auch nach meinem Tode will ichs zu verhindern wissen! (Mathilde umfaßt seine Knie) O weg von mir! Du bist nicht mein Kind! Deine Mütter log schändlich, als sie mir

C 2   Both-

Bothschaft sandte, daß sie mir eine Tochter gebohren habe! Du bist eine schändliche Heuchle-
rinn, die hinter meinem Rücken mich betrog, und
mit dem Niedrigsten meiner Knechte buhlte!
Fort! Ich will dich nicht mehr sehen! Ich habe
keine Tochter mehr!

Mathilde. Nein! Ich lasse nicht ab, ich
habe das Recht für ihn zu bitten! Unauflösliche Bande fesseln mich an ihn! In Gottes Ge-
genwart habe ich gelobt die Seinige zu seyn!
Ich muß meinen Schwur halten!

Gr. Friedrich. Ha! Solche Mähre schreckt
mich nicht! Und hast du, durch eine schändliche
Leidenschaft irre geführt, ihm Treue gelobt, so
muß dieser Frevelschwur dir zum Verderben werden, denn des ergrimmten Vaters Fluch ruht
auf ihm!

Mathilde. Schrecklich! Aber ich muß halten, was ich schwor! Gott hat ihn gehört! Ich
erfülle seinen Befehl, wenn ich Vater und Mutter verlasse, und nur an ihm hange!

Gr. Friedrich. Ha! Natter, die ich in
meinem Busen erwärmte, zu meinem Verderben ernährte, ich will dich zertreten, und
wenn du dich noch listiger krümmtest! Auch
ich schwöre! (im heftigsten Grimme, Mathilden schüttelnd) Hör's, Verruchte, auch ein
Vater schwört! Sieh, seine Haare sind grau,
in Ehren grau geworden; und geschändet, ver-
höhnt von Allen, müsse er zur Grube fahren,
wenn er je — —

Mathi-

Mathilde. Haltet ein, Grausamer! Ich bin euer Kind! Euer Schwur ist mein Todes-urtheil!

Gr. Friedrich. (im größten Zorne) Todesurtheil? Wohl mir, daß du dieß Wort nanntest! Ja! Ausgesprochen sey's über ihn, wenn du nicht ihm entsagst! Bluten soll der schändliche Bube vor deinen Augen, wenn du nicht willigen Gehorsam mir leistest! Ich seh's, ich muß mit deinem verstockten Herzen ohne Rück-halt reden! Güte fruchtet nichts, so mag dann Strenge wirken! Ich will nicht dein Vater, ich will dein Tyrann seyn!

Mathilde. (aufspringend) Nein! Das sprach er nicht! Nein! Das war nicht der, wel-cher sich einst mein Vater nannte! O dieser kann nicht so sprechen! (gen Himmel) Verklärte Mutter, erbarme du dich deines verlaßnen Kin-des, da ein Tyrann es martern will!

Gr. Friedrich. (geht mit starken Schrit-ten auf und ab, fährt einigemal mit der Hand über sein Gesicht. Eine lange Pau-se. Mit vollem Ernste, aber gelaßner) Noch einmal spricht dein Vater mit dir. Zu deinem Besten, zu deinem eignen und meines Geschlech-tes Wohl habe ich deine Hand dem jungen Gra-fen von Uznach zugesagt. Morgen gehe ich ihm entgegen! Morgen führe ich ihn zu dir! Du wirst ihn als deinen künftigen Gatten empfan-gen, und als solchen ehren! Willst du gehor-

C 3   sam

sam seyn? Willst du meinen väterlichen Befehl
vollziehen?

Mathilde. Unmöglich! Ihr wißt es ja
selbst! Ich kann geschehene Dinge nicht ungeschehen machen.

Gr. Friedrich. Du gehorchst also nicht? Ich
frage dich zum letztenmale!

Mathilde. Ich kann nur mit ihm sterben!

Gr. Friedrich. Ha, Schändliche! — Doch
mein Zorn soll mich nicht mehr übereilen! Höre dann meinen festen, unwiderruflichen Entschluß: Beleidigst du den edlen Grafen nur mit
einer Miene, läßt du ihm von deiner schändlichen Leidenschaft nur das geringste merken, reichst
du ihm nicht willig deine Hand, so spreche ich
das Todesurtheil über den Verführer meines
Kindes aus! Sehen sollst du ihn, wie er mit
dem Tode kämpft, und dann diesen auf ewig
in einem Kloster beweinen. Ich habe geendet!
Geh! In Graf Uznachs Gesellschaft siehst du
mich morgen wieder.

Mathilde. (schwach und matt! Erbarmen, Vater! Erbarmen! Ich kann — — ich
bin — (sie sinkt ohnmächtig zu seinen Füssen nieder)

Gr. Friedrich. Lüttisburg! (Lüttisburg
kommt) Sorgt für sie! Ich sprenge voraus
nach Moßuang! Sende mir mit dem Frühsten
die Ritter nach!

Lüttbburg. Gestrenger Herr! Ihr habt meinen Rath schlecht befolgt!

Gr. Friedrich. Erfülle meinen Auftrag, und überlaß das Uebrige mir! (ab)

Zweyter Aufzug.

(Ein schlechtes Gemäch. An der Wand stehen einige hölzerne Bänke. Der Tag bricht an)

Erster Auftritt.
Jobst. Anna.

Anna (schon im Gespräch begriffen) War sonst so hoch angesehen beym Grafen und unserer gestrengen Jungfrau, und muß itzt in Ketten schmachten! Wird ihm auch seltsam dünken, und ist doch zu hart.

Jobst. Zu hart? Zu hart? Daß ihr Weiber doch alles tadeln müßt, wovon ihr die Ursache nicht einsehet. Ist denn unser gestrenger Herr ein Tyrann? Kannst dus ihm beweisen, daß er je, auch nur mit dem Geringsten seiner Diener zu grausam verfuhr?

Anna. Nein! das nicht! Auch meynte ich nur —

Jobst. Ja, da stecks eben! Das ist euer Hauptfehler! Ihr denkt, meynt und plaudert

so lange, bis ihr euch mit eurer Zunge den
größten Verdruß zuzieht! Was kümmerts mich
und dich? Meine Pflicht ists, ihn zu bewahren,
zu bedienen, so lange er in meiner Verwahrniß
ist! Erfülle ich diese redlich und gewissenhaft,
so hab ich alles gethan, und darf weder den
Grafen noch Gott fürchten. Nur glaube
ich —

Anna. Was glaubst du denn? Lieber Mann,
sag mirs! Was glaubst du denn? Nun? O sag
mirs doch!

Jobst. Ja, sag mirs! sag mirs! Damit
du's wieder bey allen Burgweibern herumtra-
gen, mit ihnen so lange trätschen und waschen
kannst, bis es zum Ohre des gestrengen Herrn
kommt. Wie müßte ich alter Knappe mich dann
schämen, wenn er mich fragte: Ob meiner Pflicht
Gehorsam oder Glaube und Meynung, sey?

Anna. Wie du mir widersprichst! Wie
du's ordentlich drauf anträgst, dein altes treues
Weib bitter zu kränken! Wenn habe ich je ein
Geheimniß verrathen? wenn dir durch eine einzige unbesonnene Rede Verdruß zugezogen?
Hätte ichs nicht oft thun können, und sag,
wenn habe ichs gethan? Hat ein sterblicher
Mensch je etwas davon erfahren, daß wir dem
alten Tobies, der bey Wasser und Brod im
Thurm sitzen sollte, täglich eine Suppe koch-
ten?

Jobst.

Jobst. Nun habe ichs Rad in Gang gebracht! Gnade Gott dem, ders aufhalten will!

Anna. Siehst du! Kannst meine Gründe
nur mit Spott, nicht mit Beweisen widerlegen!
Geh, sag mir: Was glaubst du denn? O sage! Ich kenne dich schon so lange Jahre, immer hat deine Muthmaßung eingetroffen! Blos
deswegen wünsche ichs zu wissen, um deine Ver-
nunft immer mehr noch schätzen zu lernen!
Nun, lieber Mann, was glaubst du denn?

Jobst. Muß schon willfahren, wenn ich
anders Ruhe haben will: Ich glaube, und meyne, daß der junge Eppenberg so lange im Thurm
sitzen wird, bis unser Jungfräulein sich einen
Gatten wählt.

Anna. Ach dasmal trügst du dich! Jobst,
dießmal bist du links dran! Warum? Weßwegen?

Jobst. Bist wahrlich auf den Kopf gefallen, wenn du so albern fragen kannst! Hast
doch durch dein eigen Kind erfahren, daß die
Liebe blind ist. Eppenberg hat sich ins Fräulein vergafft, und wetten will ich all mein Haab,
sie hat ihn auch hold und lieb gewonnen! Das
hat der Vater gemerkt, und den kühnen Minne-
ritter in den Thurm gesperrt.

Anna. Kanst doch recht haben! Jobst,
deine Meynung hat Gewichte. Als ich neu-
lich — —

Jobst. St! Es raffelt an der Thüre!
Richtig! Es naht sich! Anna! Halts Maul im
Zaume.

Zwenter Auftritt.

Vorige. Mathilde (in leichter Morgen-
kleidung)

Mathilde. (bleich und blaß im Ange-
sichte, sucht ihre Traurigkeit so viel möglich zu verbergen) Guten Morgen, Jobst!
Guten Morgen, Anna! Muß euch doch auch
einmal heimsuchen!

Anna. (aufspringend) Je der seltnen
Ehre! Je willkommen bey uns, gestrenges Jungfräulein! Hätt solch eine Heimsuchung wahrlich
nicht vermuthet! (heimlich zu Jobst) Merkst
du was? Merkst du?

Jobst. (zu Annen) Schweig! Halts Maul!
(zu Mathilden) Gestrenge Jungfrau! Was
steht zu eurem Befehle?

Mathilde. Ich möchte gerne mit euch, ehrlicher Jobst, etwas in Geheim sprechen!

Jobst. Anne! Gehe vor die Thüre! Sieh
Acht, daß uns Niemand belauscht!

Anna. (verdrüßlich) Vor die Thüre!
Ich könnte — — ich würde —

Jobst. Hinaus, sag ich!

Mathilde. O nein! laßt euer Weib hier! Was ich euch zu sagen habe, kann auch sie hören! Auch sie, auch ihren Beystand bedarf ich!

Anna. Ich danke für euer Zutrauen, wills nach Kräften zu verdienen suchen.

Jobst. Sprecht frey und ohne Umstände! Stehts in meinen Kräften, widersprichts meiner Pflicht nicht, so fordert dreist, ich will euren Befehl redlich vollziehen.

Mathilde. (für sich) Das ists eben, was ich fürchte! O Gott, wie soll ich anfangen, wie soll ich enden ? (zu Jobsten.) Seyd ihr schon lange verheurathet?

Jobst. Schon bey dreyßig Jahr, gestrenge Jungfrau!

Mathilde. Liebtet ihr euer Weib? Liebt ihr sie noch?

Anna. Verzeiht, edle Jungfrau, da habt ihr eine Frage gethan, die ihr wahrlich nicht vollendet hättet, wenn ihr meinen Mann ganz kenntet. Er ist herzensgut, bieder und aufrichtig; aber wenn er dem Frauenvolke, und besonders mir, eine Schlappe anhängen kann, so thut ers mit Lust und Wonne. Gebt nur Acht, wie er seine Treue und Liebe gegen mich erheben, die meinige verdächtig zu machen suchen wird.

Jobst. Halts Maul, Weib! Itzt wär's Zeit dazu. Ja, edle Jungfrau, ich liebte einst mein Weib inniglich, und liebe sie noch. Ihr werdet es einst schon erfahren, wie's einem zu

Muthe

Muthe ist, wenn man herzinniglich liebt. Alles lebt und webt dann in uns! Alles zittert und bebt aber auch oft! Wenn ich zurückdenke an die Hindernisse — —

Mathilde. Hindernisse? Legte man eurer Liebe auch Hindernisse in den Weg?

Anna. Ach große und viele!

Mathilde. Dann spreche ich ja mit Freunden, die meinen Jammer fühlen und beurtheilen können. Also Hindernisse verbitterten eure Liebe?

Jobst. Ja wohl! Ja wohl! und durch zwey lange Jahre. Ich war der Leibeigene eures gestrengen Herrn Vaters, und meine Anne war wieder mit gleicher Pflicht denen von Bubenberg zugethan. Ich lernte sie kennen und liebgewinnen, als der gestrenge Graf die von Bubenberg noch oft heimsuchte, und mit ihnen in warmer Freundschaft lebte. Als Zwist und Hader sie entzweyte, mußte ichs und meine Anne theuer entgelten. Die Bubenbergs wollten sie nicht entlassen, und euer Vater verboths mir streng, sie dort heimzusuchen.

Anna. Ach das war eine traurige Zeit! Ein paar Jahre des bittern Kummers! Und doch suchten, doch sahen wir uns zuweilen. An der Gränzsäule kamen wir dann oft in finsterer Nacht zusammen; herzten und koßten, bis es Tag wurde, und weinten wie die Kinder, wenn wir wieder scheiden mußten. Gott behüte jede

Chri-

Christenseele für solchem Jammer! Er greift
Herz und Nieren an! Es ist, als ob man augenblicklich sterben müßte, wenn man scheiden
soll von dem, was man liebt, und nicht hoffen
kann, es je, es bald wieder zu sehen.

Mathilde. Gutes, treffliches Weib! Spracht
ihr dieß im Ernste?

Anna. In vollem Ernste! Denn ich habs
gefühlt und empfunden! Fühls bey der Erinnerung noch, obgleich so manches freudenreiche
Jahr die Wunde geheilt hat.

Mathilde. O dann hätte mich meine Hoffnung doch nicht getäuscht! Dann bin ich doch
der Verzweiflung nicht so nahe, als ich wähnte.

Jobst. Gestrenge Jungfrau! Euch ist nicht
wohl!

Mathilde. O um ein Großes besser! Ihr
werdet! — O ihr könnt! — O gewiß ihr werdet! — — Ihr theurer, biedrer Mann, ihr
könnt mich ganz glücklich machen. Doch ich
muß meiner Sache ganz gewiß seyn, ich muß
meinen Plan vollenden. Habt, hattet ihr
Kinder?

Anna. Eine einzige Tochter. Sie starb aber
bereits vor zehn Jahren. (wischt sich die
Thränen aus den Augen)

Jobst. Ja sie starb, und mit ihr die Hälfte
meiner Freude! Es war ein Mädchen, schön
und lieblich anzusehen, hold und gut wie ihr.
Wenn sie mich anblickte, so war mirs, als ob

ich

ich im Sonnenscheine mich wärmte, und wenn sie mich um etwas anflehte, so drang mirs ins Herz, und schmerzte mich drinnen, wenn ichs ihr nicht gewähren konnte.

Mathilde. O dankt Gott, daß die Holde so bald starb! Weh ihr! weh euren gefühlvollen Herzen, wenn sie einst geliebt, wenn sie hoffnungslos geliebt hätte.

Anna. So seyd ihr schon bekannt mit ihrem Schicksale? Ja freylich war ihre Liebe hoffnungslos, wie konnte sie jemals den Geliebten ihres Herzens zum Gatten erhalten? Drum welkte sie auch hin, und starb wie eine Frühlingsblume, die der kalte Nordwind vernichtet.

Mathilde. Und ihr wart so grausam, ihr ihn vielleicht zu verweigern?

Jobst. Urtheilt billiger von uns! Wärs in unsrer Macht gestanden, sie lebte noch glücklich und froh im reinen Genuß ihrer vollen Liebe! Aber so — — Erspart mir, traute Jungfrau, den Schmerz der Erzählung, ihr scheints ohnehin zu wissen.

Mathilde. Ich weis nichts, und bin so begierig, alles zu wissen. Laßt es euch nicht reuen. Erzählt mir alles, ihr werdet damit tödtliche Wunden salben.

Jobst. Wenns euch nützt, wenns euch vielleicht belehren kann, so thu ichs mit Freuden, und achte des Schmerzes nicht, der sich bey der Erinnerung immer meines Herzens bemächtigt.

Anna.

Anna. Damals war die gestrenge Jungfrau noch im Kloster; freylich kann sie's dann
nicht wissen.

Mathilde. O erzählt, erzählt!

Jobst. Der junge Lüttisburg, ein Sohn
unsers Vogtes, verliebte sich in mein Kind;
die Unvorsichtge erhörte seine Liebe, und war
so thöricht zu hoffen, daß sie einst sein Weib
werden könnte. Da ichs zu spät erfuhr, so war
meine Warnung fruchtlos. Der unerfahrne
Jüngling war so kühn, dem Vater seine Liebe
zu gestehen, und seine Einwilligung zu erbitten.
Ganz natürlich erfolgte darauf Trennung. Lüttisburg mußte fort nach Schwaben, und mein
Kind verlohr mit ihm ihre Munterkeit, ihre
Ruhe, ihre Gesundheit, und endlich ihr Leben.
Der immer noch heißliebende Jüngling besuchte
sie einigemal heimlich, suchte sie zu trösten,
entwarf Pläne, wollte mit ihr, mit uns auf
und davon gehen. Aber da ich weiter denken
mußte, so gab ichs nicht zu. Hätte ichs aber
vorhergesehen, daß der Schmerz sie würklich
tödten würde, ich wäre fort mit ihr, und hätte
ich auch betteln gehen müssen; so wäre ich doch
nicht kinderlos, hätte doch am Ende den Trost
gehabt, in den Armen meines Kindes zu sterben.

Anna. (weinend) Ja glaubts, liebe Jungfrau, gerne wären wir mit ihr am Ende fort in
eine Wüsteney. Hätten uns wie die wilden

Thiere

Thiere ernährt, um nur auch wie sie, ein Jun-
ges zu haben.

Mathilde. (im heftigsten Affekte) Ach,
seyd mein Vater, meine Mutter! (kniend) Er-
barmet euch meiner! Ich will euch ernähren,
ihr sollt in meinen Armen sterben, ich will euch
die Augen zudrücken!

Jobst.) wollen sie aufheben) Was
Anna.) beginnt ihr? Edle Jungfrau denkt,
wer wir sind!

Mathilde. Nein, laßt mich knien, laßt
mich bitten, bis ich eure Herzen erweiche. Ver-
sagt ihr mir eure Hülfe, so muß euer Kind hoffnungslos sterben.

Anna. Das verhüte der Allmächtige!

Jobst. Gern will ich euch retten und hel-
fen, wenn ihr Hülfe bedürft, und sie in meiner
Macht steht! Aber steht auf, ich kann euch nicht
knien sehen!

Mathilde. (aufstehend, sich in Annens,
in Jobstens Arme werfend) Ach Vater! Ach
Mutter! Rettet euer Kind! Ich soll — ich muß
— Ach ich kann für innerm Jammer nicht sprechen, und die Zeit ist so kurz, so dringend!
Ich liebe den jungen Eppenberg, seit gestern
bin ich sein Weib! — Verwundert euch nicht,
fragt nicht, wies möglich ist, genug ich bins!
Bin mit ihm im St. Gallenkloster auf ewig verbunden worden. Mein Vater hat unsere Liebe,
vielleicht auch unsere Ehe erfahren. Eppenberg
ward

ward gestern in den Thurm geworfen; ich flehte
meinen Vater um seine Freyheit an, ich gestand
ihm meine Liebe. Aber er dachte nicht wie ihr!
(sie ringt weinend die Hände; eine Pause)
Er stieß mich hartherzig von sich, und geboth
mir, nie mehr an ihn zu denken! Ich soll —
o denkt euch meine Verzweiflung — die Gat-
tinn des jungen Grafen von Uznach werden!
Fürchterlich schwor er am Ende, daß mein Eppenberg bluten müsse, wenn ich nicht willig je-
nem die Hand reichte.

Jobst. Schrecklich und traurig, aber immer nur das einzige Mittel, wenn ihr Eppenbergs Leben retten wollt.

Mathilde. Ich bin sein Weib! Wie kann
ich eines Andern werden! O tausendmal eher
den Tod, wenn ich es auch nicht wäre!

Jobst. Eure Heurath, sey sie auch noch so
gültig vollzogen, wird vernichtet. Laßt euch
rathen! Es wird euch hart ankommen! Aber
es ist nicht unmöglich! Folgt eures Vaters Befehl, denkt, daß ihr dadurch nur das Leben eures Geliebten erhalten könnt.

Mathilde. Nein, nein! Nicht so! Ihr
sollt, und müßt ihn retten!

Jobst. Macht mich zum Gott, und ich
wills gerne thun!

Mathilde. Ist Eppenberg nicht in eurer
Verwahrung? Mein Vater ist mit allen Be-
waffneten fortgezogen. Wie leicht wirds ihm

dann

dann gelingen, durchs einsame Hinterpförtchen
zu entkommen.

Jobst. Leicht möglich! Aber denkt auch,
daß mein Kopf dafür büßen, daß mein altes
treues Weib in ihren alten Tagen Almosen in
der Fremde sammlen müßte.

Anna. Theure Jungfrau, mein Mann würde schmählich hingerichtet! Schont sein Leben!

Mathilde. Das will ich, das werde ich!
O bewahre Gott, daß ich dem Erretter meines
Lebens mit Tode lohnen sollte! Ich entfliehe mit
meinem Eppenberg, und ihr und euer Weib
folgt. Ich und er wollen euch in Gottes Ge-
genwart schwören, daß wir euch wie unsre El-
tern, auch noch weit mehr hochachten, euer war-
ten und pflegen, euch jede Stunde eures Lebens
versüßen wollen.

Jobst. Wäre weiter keine Gefahr zu besorgen, ich würde euren Worten blindlings trau-
en, denn ich kenne euer Herz; aber euer Plan
rettet nicht euch, nicht ihn, macht uns auch unglücklich. Erwägt nur die Gefahren, welche euch
drohen, bedenkt nur, daß solch ein mächtiger
Herr, wie euer Vater ist, euch überall suchen,
und finden wird. Wer wirds wagen, euch wider ihn in Schutz zu nehmen, euch und uns gegen seine strenge Rache zu vertheidigen? Glaubt
mir, mein Herz liegt offen vor euch: Sähe ich
eine mögliche glückliche Ausführung eures Plans,
ich würde der größern Gefahr nicht achten, mich
willig

willig für euch aufopfern, und mein Weib auch
zu bereden, suchen.

Anna. Bedenkt nur auch, daß zu solch einer Flucht Haab und Gold erfordert wird. Niemand giebt euch in der Fremde etwas umsonst!
Bald würdet ihr und wir dem Elende und dem
Mangel unterliegen müssen.

Jobst. Ach dazu sollte es nun wohl nicht
kommen! Die gestrenge Jungfrau wäre dann
mein Kind! Meine Hände sind zwar alt und
entkräftet, aber ich wollte mich doch weidlich
damit gegen ihren und unsern Hunger wehren.

Mathilde. (welche Beyden schon oft in
die Rede fallen wollte) Hört mich, Theure,
hört mich! Für alles ist gesorgt! Alle diese
Gefahren sind vernichtet. Der Statthalter
von St. Gallen, mein und Eppenbergs inniger
Freund und zweyter Vater, hat schon ehedem
uns feyerlich zugeschworen, daß er bey jeder
Gefahr uns schützen, auf einer entlegnen Veste
uns für dem Zorn unsers Vaters verbergen wolle.
Sagt selbst, ist dieser nicht mächtig genug?

Jobst. Wenn ers redlich meynt, dann wärs
freylich der Einzige, der eurem Vater auch öffentlich Troz biethen könnte. Er und seine Vorfahren haben oft mit Nachtheil gegen dieß Klö-
ster gekämpft. Es würde den Mönchen gewaltig schmeicheln, es würde in ihren Kram tau-
gen, wenn ihr bey ihnen Schutz suchtet; und
schlößen sich denn einmal vier Augen, so könn-

D 2   tet

tet ihrs ihnen auch herrlich lohnen. Wills glauben, daß ihr dort am sichersten wäret.

Mathilde. Und da ihr Mangel und Elend
fürchtet, so habe ich auch für diesen Einwurf
schon gesorgt. Seht! Seht! (sie nimmt al-
lerhand Geschmeide, goldne Retten, Per-
len, auch einiges gemünztes Gold aus ihren Taschen, und legts auf den Tisch) Dieß
alles ist mehr als tausend Goldgülden werth!
Dieß alles ist für euch bestimmt Nehmts in
Verwahrung! Ich und mein Eppenberg bedür-
fen nichts! Für uns wird unser zweyter Vater
sorgen!

Jobst. Liebe, traute Jungfrau! Ich kann
— ich darf nicht!

Mathilde. Ihr saht eure Tochter hinwel-
ken und sterben, und könnt doch noch so hartherzig, so grausam seyn? Auch dort, Alter,
auch dort, wohin du sobald zu gehen hofst, wird
Gott Rechenschaft über diese That von dir fordern. Gieb Acht, daß ich dir, wenn du einge-
hen willst zur ewigen Freude, nicht mit biuti-
gem Dolch in den Weg trete, und dich frage:
Warum du mich hier und dort unglücklich gemacht hast? — Gehabt euch wohl; und wenn
Jammergeschrey in dieser Burg ertönt, wenn
der zu spät bereuende Vater in seinen grauen
Haaren wüthet, so denkt: das ist unsre That!
dieß haben wir gethan! (will ab)

Jobst.

Jobst. (ihr in den Weg tretend) Harrt noch einen Augenblick, Jungfrau! (zu Annen) Weib! auch dein Schickſal wird entſchieden! Noth und Elend droht dem Ueberreſt deiner Tage. Damit du mich nicht als den Urheber anklagen kannſt, ſo ſprich: was ſoll ich thun?

Anna. Sie retten, trauter, lieber Mann, ſie retten! Denk, wie's uns weh that, denk an deiner Tochter Tod! Solch eine That kann Gott nicht ſtrafen!

Jobst. Nun wohl dann, Jungfrau! Ich rette euch und euren Eppenberg! Ich geh mit euch! Mein Weib folgt uns! Laßts nur ihr wohl gehen, ſo wird die That mich nie gereuen!

Mathilde. O Gottes Segen über euch! (umfaßt ſeine Knie) Vater! Ach mir mehr als Vater! Ich danke euch! Ich danke euch, Mutter! (aufſpringend) O der ſeligen Wonne!

Anna. St! War's doch, als ob die Vorthüre knarrte! Hört ihr nicht Tritte?

Jobst. Richtig! Jungfrau, geſchwind ins Kämmerchen! Verbergt euch dort, ſo gut ihr könnt. (ſie fortführend) Alles wäre verloren, wenn man euch hier ſähe! (er ſtößt ſie hinein, und verriegelt die Thüre)

Dritter Auftritt.

Jobſt. Anna. (Beyde ſehr verwirrt)
Lüttisburg.

Lüttisburg. Iſt die Gräfinn nicht hier?

Anna. Die Gräfinn? Die Gräfinn? —

Jobſt. Sie iſt nicht hier! — — Wie ſoll=
te dieſe zu mir kommen?

Lüttisburg. Sehr natürlich, denn man
ſah ſie hieher eilen! Alter, wehe dir, wenn du
die Wohlthaten deines Herrn mit Undank, mit
Untreue belohnteſt! War ſie auch nicht hier?

Jobſt. Nein, Herr! Sie war nicht bey
mir!

Lüttisburg. Du lügſt! Ich kenne dich von
länger her! Kuppeln und Gelegenheit machen,
iſt ſo ganz deine Sache. Ich habs zwar ver=
geben, aber vergeſſen kann ichs noch nicht, und
würde es gewiß mit ahnden, wenn ich dich dieß=
mal wieder ſchuldig fände. Ich fordere reines,
offenes Bekenntniß: War Mathilde nicht hier?
Iſt ſie's nicht noch?

Jobſt. Dann müßtet ihr ſie ja ſehen.

Lüttisburg. O es giebt der Schlupfwin=
kel viele bey euch! Ich will ſie aber ſchon durch=
ſuchen! Wehe dir, Alter, wenn ich dich ſchuldig
finde, und du doch nicht bekannt haſt! Oefnet
die Kammer!

Anna.

Anne. (für sich) Nun ist's um uns geschehen!

Lüttisburg. (geht gegen die Kammerthüre, sieht aber auf dem Tische das Geschmeide blinken, und nähert sich demselben) Was ist denn das? Was liegt denn hier? (es betrachtend) Ah! so wohl! Ah vortrefflich! Nun, Alter, nun? Bist ein abgefeimter Bösewicht! Läßt dir dein Mitleid theuer bezahlen! Treibst mit deinem Eide Wucher, und verkaufst ihn wahrlich sehr hohen Preises.

Jobst. Herr! Ihr greift mir ins Herz! Ihr thut mir zu weh!

Lüttisburg. Ah! Hast du noch Recht? Bist du noch nicht überzeugt? Dieß Geschmeide gehört der Gräfinn! Ich kenne es! Weßwegen gab sie dir's? Und wie kannst du solch ein Geschenk annehmen?

Jobst. Fragt sie selbst: Ob ich's annahm? Ihre Antwort wird mich rechtfertigen, und euren Argwohn beschämen.

Lüttesburg. Und wo ist sie denn? Wo? — Wetten will ich meinen Hals und Kopf, daß sie sich durch dieses Geschenk eine Unterredung mit Ihrem Eppenberg erkauft hat, daß sie eben itzt bey ihm ist! Wo sind die Schlüssel des Gefängnißes?

Jobst. Dort hängen sie!

Lüttisburg. Voran! Sperr auf! Ich muß Untersuchung pflegen! Dein Kopf, sprach der

Graf,

Graf, soll mir dafür Bürge seyn, und wahrlich er solls werden, wenn ich meine Muthmaßung gegründet finde! Zögere nicht! Führe mich
in den Thurm!

Jobst. (nimmt die Schlüssel) Wie ihr
befehlt! (winkt seiner Frau, deutet mit der
Hand nach der Kammerthüre, und geht
mit Lüttisburg ab)

Vierter Auftritt.

Anna. (bald hernach) Mathilde.

Anna. (sperrt eilend die Kammerthüre auf) Um Gotteswillen, Jungfrau, rettet
euch geschwind, eilt fort, ehe er wiederkehrt!
Alles ist verrathen! Wird sind verlohren!

Mathilde. (welche unter dieser Rede
heraus trat) Sorgt euch nicht, gute Mutter,
nur ich bin verlohren! Ich bleibe hier, ich will
euch rechtfertigen! Seyd ohne Kummer! Ich
kenne Lüttisburgs Herz, es ist streng, aber nicht
böse!

Anna. Ach geht lieber, geht, flieht! O er
trägts uns seines Sohnes wegen schon lange
nach! Ach wir sind verlohren, und ihr mit uns!
O eilet fort!

Mathilde. Und wie könnt, wie wollt ihr
euch des Geschmeides wegen entschuldigen? Ich
muß es thun, und werde es auf eine Art thun,
die euch gewiß rettet.

Anna.

Anna. Ach sie kehren zurück, hört ihr! sie kommen! Flieht, verbergt euch!

Mathilde. Ich bleibe, ich muß bleiben!

Fünfter Auftritt.

Vorige. Jobst. (bald hernach) Eppenberg.

Jobst. (in größter Eile bereintretend) Ist die Gräfinn noch hier? (sie erblickend) Wohl, gut, daß ihrs noch seyd! (läuft wieder ab) Nur hier herein! Hier ist sie!

Eppenberg. (in Ketten, seine Mine drückt Verwunderung und Erstaunen aus) O Gott! Meine Mathilde!

Mathilde. (laut aufschreyend) Eppenberg! Mein Eppenberg! (liegt in seinen Armen)

Jobst. (eilig und geschäftig) Anna, lauf, eile, sperr die Vorthüre zu! Nein, warte, ich thu's am besten selbst! Mach Anstalt, wir müssen schleunig fort! (läuft ab)

Anna. Wie ist denn das möglich? Was ist denn vorgegangen? Wo ist denn der Vogt?

Mathilde. Durch welch ein Wunder sehe ich dich wieder?

Eppenberg. O wenn ichs selbst fassen, begreifen könnte. Lüttisburg kam — — (Jobst tritt ein) Er wird dir's am besten erzählen können!

D 5   Mathil-

Mathilde. (zu Jobsten) Vater, wie ist's möglich, daß ich meinen Eppenberg itzt sehe? Wo ist Lüttisburg?

Jobst. (lachend und froh) Ja wo ist er? Dießmal begann ich einen Meisterstreich! Als ich die Thurmthüre öffnete, stürzte Lüttisburg sogleich hinein, suchte alle Winkel durch nach euch, und wie er eben im Hintergrunde stand, ergrif ich euren Eppenberg bey der Hand, zog ihn schnell zur Thüre heraus, und versperrte sie eben so geschwind wieder.

Anna. Und Lüttisburg?

Jobst. Blieb im Thurme; dort mag er klopfen und toben, bis sich jemand seiner erbarmt! Aber nun müssen wir fort, eilig fort, denn wir sind nur so lange sicher, als er nicht wieder frey ist; und vermißt, gesucht wird er bald werden. Jungfrau, ich laß euch nicht mehr fort, ihr müßt fliehen im Morgenkleide.

Mathilde. O Gott, wie ihr wollt! Wenn wir nur fortkommen, wenn nur mein Eppenberg uns begleitet!

Eppenberg. Ich? In diesen Fesseln?

Jobst. Sollen bald gelößt seyn? (er nimmt ihm die Ketten ab) Mutter, tummle dich! Laß all unser Haab im Stiche! Die Jungfrau wirds uns schon lohnen! Nur fort, denn Eile ist höchst nöthig! Ich habe den Schlüssel vom hintern Ausfalle, da kommen wir am besten, und un-

gestogesehen durch! Erreichen wir nur den Wald, so soll uns so leicht niemand einholen!

Eppenberg. Ists denn Würklichkeit? Ists kein Traum? Ich frey?

Mathilde. Ja frey, und in meinen Armen, aus denen ich dich nie mehr lassen werde.

Jobst. Mutter! Pack das Geschmeide ein! Unsre Kinder können es einst nöthig brauchen!

Anna. (packt solches zusammen) Ich bin bereit!

Mathilde. Auch wir! Auch wir!

Jobst. So folgt mir in Gottes Namen! Er sey unser Leiter und Führer! Kommt! Kommt! Nur mir nach!

Eppenberg. ⎫ (untereinander zugleich)
Mathilde. ⎬ Gott, stehe uns bey! Er ret-
Anna. ⎭ te uns! Sein Schutz sey
unser Wegweiser! (Alle mit Jobsten ab. Eine kleine Pause! Jobst tritt wieder in größter Eile ein)

Jobst. (allein) Hätte bald das Nöthigste, den Schlüssel vergessen! (reißt ihn von der Wand herab, will fort, kehrt wieder um) Und wenn uns Jemand anhielte, Jobst! womit willst du dich wehren? (gürtet sein Schwert um, das ebenfalls an der Wand hieng) So! Und nun heißt's: Siegen oder sterben! (ab)

Sechster Auftritt.

(Gemach des Statthalters von St. Gallen.)

Der Statthalter und Landegg. (schon im Gespräch begriffen)

Statthalter. Hm! Hm! Das verrückte meinen ganzen Plan! das vereitelte alle Absichten desselben! das wäre ganz wider meine Erwartung!

Landegg. Möglich und richtig! Aber es ist doch so.

Statthalter. Noch gestern Abends? Bey seiner Ankunft sogleich?

Landegg. Bey seiner Ankunft! Eben wie er vom Rosse stieg, ließ ihn der Graf rufen, aus dessen Gemache er bald hernach in Ketten nach dem Thurme geführt ward.

Statthalter. Hm! Hm! Das kam unverhoft! Nur einige Tage später würde mir die Nachricht ganz gleichgültig gewesen seyn! Aber so bald, so gar geschwinde, und eher noch, als ich von der so sehnlich gewünschten Heurath einige Würkung hoffen konnte! Dieß — dieß kränkt mich!

Landegg. Mich noch mehr als euch, denn wenn der Plan scheitert, so schwindet auch meine Hoffnung zur Obervogtey der Grafschaft Toggenburg! Indeß bin ich aber mit der Kanzlerwürde zufrieden.

Statt-

Statthalter. O scherze nicht zur Unzeit! das Ganze kann Folgen haben, die du nicht voraussiehst!

Landegg. Nicht voraussiehst? Ey! Ey! Ich sehe sie allerdings voraus! Hat Eppenberg, wie sehr wahrscheinlich zu vermuthen ist, alles rein und klar gestanden, so wird alle Rache des Grafen auf'euch fallen, er wird euer Kloster mit Macht befehden, und ihr werdet darüber bittre Vorwürfe von dem alten Abt, vielleicht auch von allen Uebrigen anhören müssen.

Statthalter. Ja! ja! Du urtheilst weise! Alles das, und noch mehr kann entstehen, kann wie ein Gewittersturm über meinem sichern Haupte losbrechen! Ach der Verstand des Menschen ist doch ein armseliges Ding! Glaubte alles so gut, so sicher, so unverbesserlich geordnet zu haben, und habe das Wichtigste, das Nöthigste vergessen! Flucht! schnelle Flucht nach der Heurath wäre am besten, am sichersten gewesen! Und wie leicht hätte ich sie dazu bereden wollen! Und ich Thor thats doch nicht! — Hast du sonst noch einige Nachrichten?

Landegg. O ja noch manche! Noch viele, aber leider noch unangenehmere!

Statthalter. So gleichst du ja heute ganz dem Arzte, welcher Anfangs dem Verwundeten nur einen Finger ablößt, bald hernach aber den ganzen Arm abschneidet.

Landegg.

Landegg. Möglich, aber ich kanns doch nicht ändern, und erfahren müßt ihrs drum auch, damit ihr eure Maasregeln darnach nehmen könnt.

Statthalter. Nun, erzähle nur, ich bin ein Mann, der Standhaftigkeit besitzt, und bey dem's der Umstände nicht so viele bedarf.

Landegg. So bald als Eppenberg im Thurme verwahrt war, erfuhr's die Gräfinn und eilte zum Vater! — —

Statthalter. Das sah ich voraus! Weinte, flehte, und weinte und flehte vergebens! Nicht wahr?

Landegg. Ja! Ja! Denn kurz nachher stürzte der alte Vater wüthend aus dem Gemache, schwur laut, daß alles nach seinem Willen gehen müsse, und sprengte darauf sogleich nach Moßnang!

Statthalter. Und was will er dort machen?

Landegg. Dort empfängt er heute den jungen Grafen von Uznach, mit welchem es schon längst verabredet und in geheim beschlossen war, daß er die junge Gräfinn sogleich bey seiner Ankunft zu Toggenburg ehelichen soll!

Statthalter. Ah! verdammt! Ah verwünscht! Warum suchtest du das nicht eher, nicht früher zu erfahren?

Landegg. Warum machtet ihr den Alten nicht eher, nicht früher böse! Gestern wars noch

Allen

Allen auf der Burg ein eben so großes Geheimniß, wie euch und mir! Wärs wahrscheinlich noch länger geblieben, wenns der Alte nicht selbst im größten Zorne verrathen hätte!

Statthalter. Nun so wollte ich! — Ey verdammt, und noch einmal verdammt! Die Heurath, Landegg, wird vernichtet, durch den Bischof vernichtet, weil sie ohne des Vaters Einwilligung geschah. Würkung von ihr zu hoffen, ist unmöglich! Um ihren Eppenberg vom Tode zu retten, mit dem man weislich das Herz der Gräfinn ängstigen wird, wird sie endlich ihre Hand dem jungen Uznach reichen, und dann ist alles verlohren. Der Kerl hat Feuer und Mark in Knochen, setzt uns ein Duzend Nachkömmlinge auf die Nase, die einst, wenn ich alt und kraftlos bin, wie die Wespen um meinen Bienenstock herumschwärmen, mich dort und da verdrängen, und von meinem gesammelten Honig zehren werden. Landegg! tausend, zweytausend Goldkronen schenkte ich dir, wenn du den Eppenberg sammt der Gräfinn von Toggenburgs Veste entführen, und nur einen oder zwey Tage vor dem Auge des Vaters in einer Einöde verbergen könntest.

Landegg. Eine schöne Summe, wenn sie zu verdienen nur möglich wäre.

Statthalter. Denke nach, spann deine Erfindungskraft auf die Folter, martere und quäle sie so lange, bis sie die Unmöglichkeit überwindet!

det! Es ist das einzige Rettungsmittel meines schönen, herrlichen Plans! Nun, Landegg,
nun?

Landegg. Die Unmöglichkeit ist schon über-
wunden! Gebt mir nur fünfhundert tapfere
Kriegsknechte, und ich mache noch heute Eppenberg und die Gräsinn frey!

Statthalter. Gieb du deine Nase der Kaze,
so hat sie heute auch noch einen Braten! Willst
eine Unmöglichkeit durch eine noch größere möglich machen?

Landegg. Nun, seyd deßhalb nicht unge-
halten! Es war nur der erste und leichteste Beweis meiner Erfindung; habe schon triftigere
in Bereitschaft. Laßt mir nur Zeit, sie zu ordnen! (geht ans Fenster, sieht hinaus) Die
Sonne steht noch nicht hoch; bey ihrem Unter-
gang fehrt erst der alte Graf mit seinem Gaste
auf die Veste zurück. Bis dahin wollte ich nun
doch mit zehn entschlossenen Knechten den jungen Eppenberg retten.

Statthalter. Nur den Eppenberg, nicht
auch die Gräsinn?

Landegg. Das wäre nicht möglich, aber
fund wollte ichs ihr noch heute thun, daß Eppenberg gerettet sey, daß sie nachfolgen möge!

Statthalter. O herrlich! trefflich! Wenn
du dieß könntest! Auch nur durch Eppenbergs
Retung, wenn sie der Gräsinn fund würde,
gewönnen wir viel, wahrscheinlich alles. Sie
würde

würde dann seinen Tod nicht fürchten, beſſer wi-
derſtehen, könnte durch verſtellte Einwilligung
den Alten ſicher machen, und endlich ungehindert ihrem Eppenberg ſelbſt nachfolgen. Kurz,
alles wäre gewonnen, alles wieder gut gemacht!
Aber wie wollteſt, wie könnteſt du Eppenberg ſo
ſchnell retten?

Landegg. Wills euch gleich erklären, und
dann euren ungetheilten Beyfall erwarten.
Schnell und heute müßte ich ihn deswegen retten, weil der Graf mit den meiſten ſeiner Rei-
ſigen ausgezogen, und die wenigen Zurückge-
bliebnen mit Zubereitungen zum Feſte beſchäf-
tigt ſind. Dieß minderte die Gefahr um ein
großes; ich könnte dann im Entdeckungsfalle mich
auch mit Wenigen gegen Wenige vertheidigen,
wenigſtens unentdeckt und ungehindert entkommen.

Statthalter. Ganz weislich und klug!
Aber noch immer bleibt die wichtigſte Frage:
Wie und auf was Art die Rettung geſchehen
ſoll, unerörtert?

Landegg. Will ſie euch eben ſo klar und
deutlich beantworten. Der Thurm, in welchem
Eppenberg gefangen ſitzt, liegt, wie ihr wißt,
außer den Mauern der Veſte, auf der Spitze
eines Felſens nach der Waſſerſeite. Ein gedeck-
ter ſchmaler Gang verbindet ihn nur mit der
Burg. Am Fuße des Felſens, nahe an des
Fluſſes Bette, iſt die Oefnung eines Ausfal-

E   les,

les, der ehemals in Belagerungen zum Wasser-
schöpfen sehr nöthig war. Dieser Ausfall führt
hinauf bis in den Thurm. Ehemals war die
Thüre stark befestigt, itzt ist sie baufällig, selbst
nur wenigen Burgbewohnern bekannt. — —

Statthalter. Ich fange an, Licht zu sehen! Aber ist dieser Gang noch wandelbar?
Ist er nicht verschüttet?

Landegg. Keines von beyden. Er ist in
die Wände des Felsens gehauen! Da ich noch
als Edelknecht in Toggenburgs Veste diente,
bin ich ihn oft mit des Thurmwächters Buben
durchkrochen. Ich kenne im Thurme jede Thüre, und wollte die That allein beginnen, wenn
ich nicht hie und da eine Thüre einzusprengen
hätte, und um der lieben Sicherheit willen doch
auch mit einigen Bewafneten den Gang, welcher nach der Burg führt, besetzen müßte. Wi-
derstand finden wir keinen: den alten Thurmwächter, welcher itzt dort haußt, drücke ich mit
einer Hand zu Boden, und treffen wir ihn da-
heim, so muß er mir selbst das Gefängniß öf-
nen.

Statthalter. Landegg! ich lerne dich immer mehr kennen, aber auch immer mehr schätzen! Du bist ein Mann von seltnen Geistesga-
ben, und ein Freund, wie man so leicht keinen
findet! Führe die That aus, und die versprochne
Belohnung ist dein! Nur fragt sichs itzt, und
dieß ist wahrlich die Hauptsache: Woher wirst

Du

du in dieser Eile die zehn entschlossenen Knechte nehmen? wie wirst du dich im Voraus ihres unverbrüchlichen Stillschweigens sichern?

Landegg. Das laßt meine Sorge seyn. Ehe eine Viertelstunde vergeht, sind sie beysammen, und ehe man Mittag läutet, bin ich wieder bey euch! Unter euren Klosterknechten giebts tüchtige Männer, welche um hundert Goldgülden jedes Wagstück unternehmen, und wie die Mauern schweigen. Zum Ueberfluß soll euer Name nicht genannt werden. Gebt uns nur Rosse!

Statthalter. Nimm sie dir, und ziehe mit ihnen auf die Jagd, so erregst du weder Verdacht, noch Aufsehen.

Landegg. Ein kluger Einfall! Ich ziehe mit ihnen aufs Dachsgraben, so können wir vor Aller Augen Brecheisen und Hebstangen mitnehmen. Die ganze Sache entdecke ich ihnen erst im Walde ——

Statthalter. Sieh dich aber vor, damit ihr nicht wie die Dachse in der Höhle gefangen werdet.

Landegg. Werde mir schon den Rückweg sichern. Wir färben uns überdieß das Gesicht schwarz, damit man bey irgend einem Ueberfalle uns nicht erkennt, und ehe sie uns nachsetzen, sind wir längst bey unsern Rossen, und im Walde, durch den wir sicher entkommen. Nun, seyd ihr noch entschlossen?

Statt-

Statthalter. Du fragst noch? Liegt an der glücklichen Ausführung nicht mein ganzes Heil?

Landegg. So will ichs lieber nach Kräften fördern. Lebt wohl, und zählt indeß das Geld.

Statthalter. Bist du deiner Sache schon so gewiß?

Landegg. Ganz gewiß, sonst würde ich sie nicht unternehmen. Aber Eins, und zwar das Nöthigste, hätte ich bald zu fragen vergessen: Wohin führe ich den geretteten Eppensberg?

Statthalter. Zu mir nicht. Hier würde er bald entdeckt und verrathen werden. Führe ihn nach deiner Veste; dort giebts der Schlupfwinkel viele, wo ihn kein Teufel finden wird.

Landegg. Ulrich! wenn ich etwan die Katze wäre, mit welcher ihr die Kastanien aus dem Feuer langen wolltet?

Statthalter. Wie kannst du dieß von mir, von deinem geprüften Freunde denken? Solltest du nur denken, glauben können, daß ich nicht stets Glück und Unglück mit dir im gleichen Maaße theilen wollte, so unternimm die That nicht! Oder, was noch besser ist, so führe den Geretteten zum Eremiten im roschacher Forste; dort ist er ebenfalls sicher, und der Eremit ist ein brauchbarer Mann, welcher das Schweigen trefflich versteht.

Lan=

Landegg. Schon gut! Will sehen, wohin mich der Wind am ersten führt. Meine Frage war übereilt! Verzeiht mir! Ich mehnte es nicht so böse!

Statthalter. Dieß hoffe auch ich! Denn Mißtrauen unter uns wäre den Früchten, welche wir erwarten, am schädlichsten!

Landegg. Seyd deswegen ohne Sorgen! Bald sehen wir uns wieder!

Statthalter. Dieß wünsche ich von ganzem Herzen! Noch Eins, Landegg! Rettest du ihn, so vergiß ja nicht, der Gräfinn sogleich Nachricht davon zu geben!

Landegg. Versteht sich von selbst! (ab)

Siebenter Auftritt.

Der Statthalter allein. (Bald hernach ein Diener)

Statthalter. Landegg ist ein Schalk! Er fängt an, mich ganz zu übersehen, blickt tief in mein Innerstes! So ganz am unrechten Orte war seine Frage allerdings nicht! Wenn ich einst zwischen Thüre und Angel käme, so würde ich freylich nach irgend einem haschen, den ich dazwischen stecken könnte, um mich heraus zu ziehen, und könnte ich dann nur ihn erreichen, so würde ich seiner wahrlich auch nicht schonen! — Aber dazu solls nun wohl nicht kommen,

kann

kann gar nicht geschehen, wenn des alten Abts Augen sich nur bald, ach nur recht bald schlißen wollten!

Ein Diener. Gestrenger Herr! Ein alter fremder Reisiger verlangt mit euch zu sprechen!

Statthalter. Mit mir?

Diener. Ja, und zwar allein! Er hätte euch wichtige und dringende Sachen zu erzählen!

Statthalter. (für sich) Wahrscheinlich eine Bothschaft von der Gräfinn! Er wird mir erzählen sollen, was ich längst weis, wogegen ich schon Anstalt getroffen habe. (zum Diener) Führe ihn her! (der Diener ab)

Achter Auftritt.

Statthalter. Jobst.

Jobst. Gott grüß euch, gestrenger Herr! Ich irre mich doch nicht, wenn ich euch für den Statthalter und Pfalzrath von St. Gallen halte.

Statthalter. Ja, ich bins. Auch ich werde nicht irren, wenn ich in euch einen Abgesandten der Gräfinn Mathilde zu erblicken hoffe. Wie gehts ihr?

Jobst. Bis itzt ganz wohl! Sie sendet mich zu euch —

Statth

Statthalter. Ich habe üble Nachrichten vernommen. Ich hoffe ihre Trauer aber bald in Freude zu verwandeln.

Jobst. Dann werdet ihr Gottes Lohn im vollen Maaße ernden. Sie traut und baut nun ganz auf euch, sie hoft, daß ihr sie als ein Kind annehmen, und als Vater für sie sorgen werdet. Gestrenger Herr, laßt diese Hoffnung nicht zu Schanden werden, sie ist der einzige Stab, auf welchen sie sich nun stützt, und es wäre grausam, wenn dieß gute Kind sich in seiner Erwartung betrogen fände. Sie entbietet euch ihren kindlichen Gruß zuvor, und läßt euch melden, daß, als sie gestern mit ihrem Eppenberg zurückkehrte — —

Statthalter. Schon weiß ich alles, schon habe ich — —

Jobst. Verzeiht, gestrenger Herr, daß ich eure Rede unterbreche. Aber das wißt ihr doch nicht, daß die Gräfin sich Ihres Vaters Abwesenheit zu Nutze gemacht hat, daß sie durch meine Hülfe, seiner Wuth, seinem Begehren entflohen ist, und, indeß ich euch diese Bothschaft bringe, in einer Waldhöhle, unfern von hier, auf eure Antwort und Rath harret. —

Statthalter. O der Freude! O des seltnen Vergnügens! Eile zurück, und bringe ihr die tröstende Nachricht, daß ich ihr alles, daß ich ihr mehr als Vater seyn will! Sage ihr,

daß

daß ich sie bald, recht bald mit der angenehm=
sten und größten Freude zu überraschen hoffe.
Eben habe ich Reiter ausgesandt, welche durch
List und bekannte Wege sich des Thurms, in
welchem Eppenberg gefangen sitzt, bemächtigen,
und ihn noch diesen Vormittag befreyen werden!
Du staunst? O du würdest es nicht thun, wenn
du den Mann kenntest, der dieß zwar kühne,
aber sichere Unternehmen leitet. Niemand wird
ihm und seinen Gehülfen widerstehen, und sollte
es der alte Thurmwächter wagen, so hat er den
letzten seiner Tage erlebt.

Jobst. Danke, gestrenger Herr, danke,
für die allzugütige Fürsorge! Der Thurmwäch=
ter bin ich selbst, und werde mich wahrlich eu=
ren Abgesandten nicht widersetzen, weil ich hier
vor euch stehe! — —

Statthalter. Und Eppenberg?

Jobst. Ist eben so frey! — —

Statthalter. Frey? Und bey der Gräfinn?
In der Höhle?

Jobst. Ja, auch ihn rettete und befreyte
ich!

Statthalter. Dann sind ja alle meine
Wünsche erfüllt! Dann ersparen wir ja alle fer=
nere Unternehmungen. Ich eile nur meinem
Freunde davon Nachricht zu ertheilen! Harrt
indeß hier, bis ich wiederkehre. (eilt ab)

Jobst.

Jobſt. (allein) Sieh! Sieh! indem ich alles zu wagen glaube, gewinne ich am Ende mein Leben zum Lohne! Muß doch eine gute That vollbracht haben, weil ſie ſo augenſcheinlich belohnt wird! Hätte ich, meiner Pflicht getreu, mein Ohr dem Flehen der Gräfinn verſchloſſen, ſo würden Eppenbergs Retter, hätten ſie ihr Unternehmen ausgeführt, mich mit dem Tode dafür geſtraft haben! Nein, nun reut mich die That nicht! Nun fühl' ichs, daß ich gut gehandelt habe! Ich übte Barmherzigkeit an meinem Nächſten, und ſie ward mir wieder!

Neunter Auftritt.
Statthalter. Jobſt.

Statthalter. (für ſich) Landegg weis das Gold treflich zu ſchätzen; ſchon iſt er auf und davon; ſchon ſehe ich nur noch am Anfange des Forſtes ihre Federbüſche wehen. Währlich, hundert Goldgülden gäbe ich darum, wenn ich ſein Geſicht ſehen könnte, wenn er das Neſt leer findet, und mit der langen Naſe abziehen muß! Will mirs herzlich wohl ſeyn laſſen, wenn er wiederkehrt, und ſich mit falſchen Muthmaſſungen martert, wie dieß ſo und ſo geſchehen iſt. (zu Jobſt) Guter Alter, meine Abgeſandten ſind ſchon fort; hat indeß weiter nichts zu ſa-

E 5   gen.

gen. Wenn sie den Thurm leer finden, werden
Sie ohnehin zurück kehren; und ihre Mühe will
ich schon belohnen.

Jobst. Leer finden sie nun den Thurm eben
nicht! Unser Vogt merkte Unrath, und kam eben
in den Thurm, als die Gräfinn bey mir war.
Er verlangte Eppenbergen zu sehen, und ein
glücklicher Zufall verursachte es, daß ich, indeß
er den Thurm durchsuchte, Eppenbergen heraus-
reissen, und den Vogt dafür einsperren könnte.

Statthalter. Wie? Euer Vogt? Der von
Lüttlsburg? Im Thurme eingesperrt?

Jobst. Ja, ja, und er wird wahrlich
darinnen nicht müßig sitzen! Wird poltern und
pochen, daß es ringsumher verwar. Könnte eine schöne Wirthschaft geben, wenn eure Abgesandten ihn befreyten, oder eben den Thurm zu
der Zeit erstiegen, wenn sein Lärm alle Bewohner des Schlosses herbeygerufen hätte?

Statthalter. Bey Gott! Das wäre zum
Rasendwerden! Das! das! — — Und doch
kanns — doch wird es geschehen! — — Lieber,
redlicher Alter, eile meinen Bothen nach, du
wirst sie an ihren schwarz gefärbten Gesichtern
erkennen. — —

Jobst. Gestrenger Herr! diese Füße sind
nahe an siebzig Jahr alt, wie könnten sie eure
muthigen Rosse erreichen? Wie kann ich den
Weg wissen, den sie nehmen, und würde nicht

alles

alles verrathen seyn, würden nicht Alle unglücklich werden, wenn ich mich zu nahe wagte,
wenn ich — — — — — — — — — — — —

Statthalter. Wahr, alles wahr! aber doch
muß ich ihnen nachsenden! Und wen? wen?
Keßler meiner Diener ist dazu fähig! Und doch,
— — — Ich muß hin selbst nach. Lieber Alter,
kehret nur wieder zu eurer Gebietherinn zurück,
erzählt ihr meine gefährliche Lage, in die ich
mich um Eppenbergs willen gestürzt habe. Sagt
ihr, daß sie auf meine Hülfe trauen, bauen
und glauben soll, daß ich itzt nur in größter
Eile noch alles zu verhindern suche, sie in der
Dämmerung gewiß besuchen, und Alle nach einem sicheren Ort geleiten werde. So bald es dämmert, kommt, mich abzuholen!

Jobst. Ganz wohl, ganz recht!

Statthalter. Ihr seyd doch in eurer Höhle für Ueberfall sicher?

Jobst. Für jedem menschlichen, denn
schwerlich hat sie noch ein Fuß desselben betreten,
und für Eulen und Uhus fürchten wir uns nicht.

Statthalter. So eile, und kehre ja am
Abende wieder, damit nicht neue Sorge mich
martert.

Jobst. Ich hoffe, diese soll unnöthig seyn!
Macht nur, daß ihr die gegenwärtige vermindert! Gott befohlen, gnädiger Herr! (ab)

Statt-

Statthalter. (allein) Ein verdammter Streich! (ruft zur Thüre hinaus) Laß satteln! Schnell und geschwind! (steckt einen Dolch zu sich) Zur Wehre auf den Nothfall, wenn sies doch wagten Hand an mich zu legen! Es ist, als ob eine unsichtbare Hand sich meinem Plane widersetzte; oft stehe ich schon am Ziele der Ausführung, und werde wieder bis ans Ende zurückgeschleudert! eilt ans Fenster) O die Langsamen! Muß sie nur selbst antreiben! (eilt fort, bleibt stehen) Und erreiche ich sie denn auch noch? Schwerlich! Unmöglich! Und dann? (nachdenkend) Und dann könnte ich mich am Ende wohl selbst recht unvorsichtig den Nachsetzern in die Hände liefern! Ey! Ey! Da hätte ich bald aus zu großer Eile recht albern gehandelt! Muß aber doch ins Freye! Muß am Walde ihrer harren, sonst martert mich die Ungeduld zu Tode! (ab)

Ende des zweyten Aufzuges.

Drit=

Dritter Aufzug.

(Saal zu Neu-Toggenburg.)

Erster Auftritt.

Graf Friedrich. (sitzend, neben ihm steht)
Lüttisburg.

Gr. Friedrich. Hast du nun ganz geendet? Oder hast du noch eine Trauerpost im Rückhalte, mit welcher du mich vollends zu Boden drücken willst?

Lüttisburg. Ich habe geendet! Wollte Gott, ich hätte diese Nachricht euch verbergen können! Ich sehs deutlich, wie sie euch innig kränkt.

Gr. Friedrich. O sie raubt mir mein Leben! Bald, ach bald wird's enden! Entflohen? mit ihm? mit einem Edelknechte? Und nun geschändet, entehrt vor Aller Augen! Ah weh der Unglücklichen! Ah weh, weh, weh ihm, dem Verführer meines guten Kindes! Nein! Du hast recht! Verbergen läßt sichs nicht! Alle Bewohner der Burg wissen es! Wie können, wie werden sie alle schweigen! Schon werden sie's Uz nachs Knechten in die Ohren flüstern, schon wird er's selbst erfahren haben, und Gott danken, der ihn

ihn

ihn für solch einem Weibe bewahrte. — Am besten, ich entdecke es ihm selbst! Vorher will ich aber den Gefangnen sprechen!

Lüttisburg. Glaubt mir, von diesem erfahrt ihr nichts! Ich kenne euch nun so lange Jahre! Weis aus Erfahrung, daß ihr die Güte selbst seyd, aber auch beym geringsten Widerstande, wie ein Gewittersturm, aufbrauset! Oft habt ihr mit diesem Jähzorne manches verdorben, und nie etwas gewonnen.

Gr. Friedrich. Ich will glimpflich mit ihm sprechen!

Lüttisburg. Verspracht ihr dieß gestern nicht auch, und wie habt ihr Wort gehalten? Verzeiht, daß ichs sagen muß; hättet ihr eurer Tochter nicht alle Hoffnung geraubt, sie wäre nicht entflohen. Ich rieths euch absichtlich; denn eben dieser Rath gelang mir auch mit meinem Sohne, der, wie ihr selbst wißt, eine gemeine Dirne liebte. Ich entfernte ihn mit List von ihr, und nun ist er schon längst mit einer Edlen beweibt, lebt glücklich und vergnügt. Auch hättet ihr damals meinem Rathe folgen sollen. Der Thurmwächter —

Gr. Friedrich. War schon der Diener meines Vaters, diente auch bis itzt mir ehrlich und treu!

Lüttisburg. Aber hättet ihr ihn damals aus eurem Dienste entfernt, eure Tochter hätte itzt nicht entfliehen können.

Gr.

Gr. Friedrich. Das sprach Rache über den Alten aus dir! Glei also in deinen Busen, und erinnere dich, wie Ars. that!

Lüttisburg. Ich thats, thu noch!

Gr. Friedrich. Genug! Uebergenug! — Ich will den Gefangnen sprechen! Er muß mit Eppenberg verstanden seyn! Muß wissen, wohin er floh! — — Ich werde glimpflich mit ihm sprechen, ich werde sein Herz mit Bitten bestürmen; aber wird es nicht erweicht, widersteht er allen meinen Worten, dann — dann soll keine Marter — — —

Lüttisburg. Seht, wie's wieder in euch kocht und tobt!

Gr. Friedrich. Vogt! ich bin alt genug, um mir selbst zu rathen! Erfüllt meinen Befehl! Führt den Gefangnen her!

Lüttisburg. (mit einer Verbeugung ab)

Zweyter Auftritt.

Graf Friedrich allein.

Ach, ich darf meinen Zustand nicht überdenken! (auf und ab) O ich darf, ich kann nicht allein seyn, sonst bringt michs zur Verzweiflung! Ich hatte einen Sohn, auf den sich all meine Hoffnung gründete, und er steht am Rande des Grabes! Ich hatte eine Tochter, und sie entfloh mit einem Edelknechte! Entehrte sich und ihr

Ge-

Geſchlecht, das ſchon Jahrhunderte in Ehren
blühte, mit König und Kaiſer verwandt war!
Ach! das iſt abſcheulich! Nein! Nein! Rächen
will ichs! Rächen muß ichs, und dann verſchen-
ke ich all mein Haabe! wallfahrte nach Jeru-
ſalem, und frage Jeden, der mir begegnet:
Ob er je einen unglücklichern Vater als mich
geſehen hat?

Dritter Auftritt.

Gr. Friedrich. Lüttisburg. Schenk Landegg (gefeſſelt und mit ſchwarz ge-färbtem Geſichte)

Lüttisburg. Edler Herr! Hier bringe ich
euch den Gefangnen! Weder Güte noch Schärfe
konnten ihn bewegen, die Farbe, mit welcher
er ſein Geſicht geſchwärzt hat, abzuwaſchen.
Hätte ich ſtrengere Gewalt verſucht, er würde
ſich den Kopf an der Mauer zerſchmettert haben.

Gr. Friedrich. Laß uns allein! (Lüttisburg geht ab. Zu Landegg) Die Farbe deines Geſichtes ſtimmt vollkommen mit deiner
That überein! Du haſt böſe an mir gehandelt!
Sage an, wie habe ich um dich verdient? (eine Pauſe) Willſt du mir nicht antworten?

Landegg. Nein!

Gr. Friedrich. Und warum nicht?

Lande

Landegg. Weil ihr mich nicht rittermäßig behandelt!

Gr. Friedrich. Wie soll ich dich anders behandeln? Und wärst du auch ein Ritter, so hast du dich nicht rittermäßig betragen. Du hast ohne Absagebrief den beschwornen Landfrieden gebrochen! bist gleich einem Räuber in meine Burg geschlichen, hast Thüren erbrochen, und wahrscheinlich Einen deines Gelichters der gerechten Strafe zu entziehen! Kannst du dies läugnen?

Landegg. Nein! Ich läugne meine Thaten nie.

Gr. Friedrich. Kannst du sie aber auch verantworten?

Landegg. Auch!

Gr. Friedrich. Und wie?

Landegg. (schüttelt seine Ketten) Ihr könnt noch fragen?

Gr. Friedrich. Du willst trotzen?

Landegg. Ja, trotzen euch und eurer ganzen Macht! Ihr habts mit einem Manne zu thun, der keine Furcht kennt, keine Gefahr scheut, und den Tod lachend umarmt! Versuchts nur, ob ich Wort halte!

Gr. Friedrich. (sanft und gut) Wenn ich dich aber als einen Freund behandelte? Wenn ich deine That nicht rügte? Wenn ein verlaßner, ein betrogner Vater seine Hände bittend zu dir empor hübe, würdest du diesem Flehen auch widerstehen?

Landegg. Gebt mir Beweise, und ich werde mein Betragen nach dem eurigen einrichten.

Gr. Friedrich. Beweise? Du bist frey! He! (Reisige treten ein) Nehmt ihm die Ketten ab! (die Reisige vollziehen seinen Befehl). Wenn er von mir geht, so geleitet ihn ungehindert vor die Burg, und laßt ihn ziehen, wohin er's begehrt! (die Reisige ziehen ab. Zu Landegg) Hier meine Hand, mein Ritter, und Ehrenwort! Du bist frey! Kannst ungehindert mich, und meine Veste verlassen!

Landegg. Und was fordert ihr zur Vergeltung dieses Dienstes?

Gr. Friedrich. Nichts! Wenn anders dein Gewissen dich nicht zur Vergeltung ermahnt! Meine Tochter, die einzige Hoffnung meines Lebens, ist mit einem Edelknechte entflohen! Wahrscheinlich und sicher warst du ihr Gehülfe und Theilnehmer dieser That! Stehst du mir bey, so kann ich sie vielleicht noch retten, sie den Händen eines Bösewichts entreißen, der ihr ganzes Glück vernichten, der sie gränzenlos elend machen wird! Ich will nicht Rache an ihm üben! Nur soll er mir mein Kind zurück geben! — Freund! deine Stimme ist mir bekannt! Immer wird mir's wahrscheinlicher, daß einst ein Jüngling so sprach, dem ich der Wohlthaten viele und große erzeigte! Erinnere dich dieser, und erbarme dich itzt meiner!

Landegg. Und bin ich wirklich frey? Auch wenn ich nicht antworte? nicht eure Bitte erfülle?

Gr. Friedrich. Frey, ohne Rückhalt frey! Dieß schwör ich dir nochmals zu!

Landegg. So danke ich euch herzlich! Werde es einst zu vergelten suchen! (will ab)

Gr. Friedrich. Du gehst? Gehst würklich?

Landegg. Habe ich nicht euer Wort?

Gr. Friedrich. (zornig) Auch werde ich nie brechen! Aber bedenke, daß du eine gräßliche That beginnst, mich auf immer zum Tyrannen, zum Menschenfeinde, umwandelst! Nie werde ich einem Heuchler mehr trauen! und dieß sind sie Alle! Alle, die sich Menschen nennen!

Landegg. Ich kann nicht anders handeln! Gehabt euch wohl, edler Graf, gehabt euch wohl! (geht ab)

Vierter Auftritt.

Gr. Friedrich. (bald hernach) Lauenburg.

Gr. Friedrich. (allein) Er geht! und — und — — Ha! Ich bin schrecklich betrogen!

F 2

O daß ich ihm folgte, dem Theilnehmer, dem listigen Betrüger! (er eilt ans Fenster) Wahrlich, er geht! hält die Hand für sein verrätherisches Gesicht, um sein höhnisches Lachen über den Einfältigen zu verbergen, der sich so bethören ließ! (rufend) Lüttisburg! Lüttisburg!

Lüttisburg. (eintretend) Edler Herr! Was beginnt ihr? Ist der Gefangne würklich frey?

Gr. Friedrich. O du schändlicher Heuchler! O du abgefeimter Bösewicht!

Lüttisburg. Gilt dieß mir?

Gr. Friedrich. Ja dir! Und du sollst für Alle büßen! Noch fragt, noch heuchelt er! That ichs nicht auf deine Vorstellung? Auf deinen Rath! Ach zu spät sehe ich die Falle ein, in welcher man mich so listig fieng!

Lüttisburg. Ich kann für Verwunderung über euer Betragen nicht antworten! Rieth ich zu solcher Güte? zu solcher Schonung? Giebt's oder kennt ihr denn keinen andern Mittelweg zwischen alles verzeihender Güte und äußerster Strenge?

Gr. Friedrich. Schweig! Ich habe schon zu lange deine Kühnheit geduldet, ich will sie auf immer enden! Ich sehe nun alles deutlich und klar, und werde mich nicht mehr hintergehen lassen! Du bist der Kuppler meiner Tochter! Du gabst ihr und dem schändlichen Eppenberg Gelegenheit zur Flucht!

Lütt.

Lüttisburg. Ich, Graf, ich? Bedenkt, was ihr sagt? Ward ich denn nicht selbst, als ichs hindern wollte, im Thurm eingesperrt? Machte ich hernach nicht mit Gefahr meines Lebens den Fremden zum Gefangnen?

Gr. Friedrich. Alles List! Alles Verstellung! Du ließest die Schuldigen entfliehen. Er, dichtetest vorher mit ihnen die ganze Mähre, und damit ich ja deine Theilnahme nicht ahnden möchte, so liefertest du mir absichtlich Einen deiner Gesellen als Gefangnen in die Hände, und hoftest, auf meine Güte trotzend, ihm ohne Bekänntniß die Freyheit wieder zu verschaffen. Alles ist dir gelungen, aber weiter solls nicht gehen! — Ha, wie sich dein Gewissen schämt, wie's die Wangen deines Gesichtes blutroth färbt.

Lüttisburg. Herr, ihr — — Graf, es ist — — —

Gr. Friedrich. Sieh, wie du stotterst, wie du nach Entschuldigung ringst, und dich doch nicht entschuldigen kannst! — Nur ofnes und freyes Bekenntniß kann dich retten!

Lüttisburg. Herr, ihr kränkt, und beleidigt mich schrecklich! Ihr raubt mir mit einmal alles, was ich mir in eurem Dienste sammlete, Ehre und Treue! Ich bin unschuldig, so wahr Gott mit mir und euch ist, ich bin unschuldig. War ich nicht Derjenige, welcher es euch red-

lich und offen hinterbrachte, daß eure Tochter
mit Eppenberg zu St. Gallen war, daß — —

Gr. Friedrich. Auch dieß war Verstellung,
auch dieß war Plan! Ihr wolltet sehen, wie
ichs nehmen würde, war't thöricht genug, zu
hoffen, daß ich diese Liebe billigen, vielleicht
gar einwilligen würde.

Lüttisburg. Ach, wenn ihr so alles drehen und wenden wollt, wenn ihr die Treue selbst
verdächtig machen könnt, so habe ich euch nichts
mehr zu sagen. Handelt, wie ihr wollt, wie
ihr's zu verantworten glaubt! Seyd Kläger und
Richter zugleich, aber gebt Acht, daß ihr's nicht
zu spät bereut, daß ihr gerne gut machen wollt,
und nicht gut machen könnt!

Gr. Fried'ich. Du mir drohen? Du mir
trotzen? — Doch was hadre ich lange mit dem
Elenden! (er läuft zur Thüre) He! (Reisige treten ein! Führt den Vogt hinab in ein
Gewölbe! Bewacht ihn streng! Entkommt er
euch, so entflieht auch mit ihm euer Leben.

Lüttisburg. Graf — Ich! — —

Gr. Friedrich. Schweigt, ich will nichts
hören! Führt ihn fort!

Lüttisburg. Früh oder spät wird meine
Unschuld entdeckt werden! Aber dann, Graf!
werde ich strenge Rechenschaft fordern! (wird
abgeführt)

Gr. Friedrich. (allein) Ich will — ich
muß fort! Ich muß zum Abte, vielleicht erfahre

re ich durch diesen etwas! Ich will alles durch-
suchen, alles verheeren und verwüsten, bis ich
sie finde! — O nicht Jammer, nicht Kummer
wüthet in mir, sondern ächte, wahre Verzweiflung; aber ich will sie so lange mit Rache sät-
tigen, und mit Blut füttern, bis sie stark genug
wird, um mich selbst aufzuzehren!

Fünfter Auftritt.

Graf Friedrich. Ein Diener.

Diener. Edler Herr! Der Schenk von Landegg grüßt euch als Ritter, und wünscht mit euch
in geheim zu sprechen!

Gr. Friedrich. Entbiethe ihm meinen Ge-
gengruß. Er soll ein andermal bey mir zuspre-
chen! Itzt könnte — —

Diener. Verzeiht, gestrenger Herr, wenn
ich nicht ganz irre, so ist er der Gefangene, welchen ihr vor Kurzem entlassen habt!

Gr. Friedrich. Wie? Der Nemliche?

Diener. Wenigstens trägt er sein Kleid,
hat seine Größe und Sprache, ist — —

Gr. Friedrich. Führe ihn her! Schnell und
strafs! (der Diener eilt ab) Wärs möglich?
Sollte er doch wiederkehren? O dann kehrte mit
ihm Hoffnung in mein Herz zurück.

Sechster Auftritt.

Graf Friedrich. Schenk von Landegg.
(sein Gesicht ist nicht mehr gefärbt.)

Landegg. Graf, ihr habt Wort gehalten! Ich ward ungehindert aus eurer Burg geführt, und ohne Rückhalt entlassen. Ich fühlte diese edle That tief, und komme nun auch Wort zu halten. Ich habe mein Gesicht gereinigt, und werde auch mein Gewissen reinigen.

Gr. Friedrich. Sey mir willkommen! Freund in der Noth, sey mir willkommen! Vor allem sage mir aufrichtig, war mein Vogt Theilnehmer deiner That?

Landegg. Euer Vogt Lüttisburg? Fesselte er mich nicht selbst? Wie könnt ihr dieß nur argwöhnen.

Gr. Friedrich. (eilt hinaus, und kehrt gleich wieder um) Und nun! Wo ist mein Kind? meine Mathilde?

Landegg. Graf! Bedenkt, daß ich freywillig zurückkehre, daß ich ohne Zwang euch Wahrheit erzählen will, und traut also ganz meinen Worten! Findet ihr je, daß eine Silbe derselben Lüge war, so sey euer Wort, das ihr mir gabt, vernichtet, und ein schmählicher Tod mein Loos. Ich weis nicht, wo euer Kind ist, durch meine Hülfe entfloh sie nicht!

Gr. Friedrich. Wie? Du solltest nicht wissen? — —

Landegg. Vergönnt mir Gehör, und urtheilt dann! Schon lange wußte ich, daß eure Tochter den jungen Eppenberg liebte. Aus Freundschaft, oder, wenn ichs aufrichtiger bekennen soll, aus eigennützigem Diensteifer gegen den Statthalter von St. Gallen förderte ich diese Liebe nach Kräften. Ihn besuchten sie oft, und erst gestern noch! — —

Gr. Friedrich. Du sprichst Wahrheit, guter, redlicher Ritter, du sprichst Wahrheit!

Landegg. Es kommt mir schwer an, euch Alles offenherzig zu beichten, aber ich habs geschworen, zurück zu kehren zur Redlichkeit, und werde euch Wort halten, wie ihr mirs gehalten habt. Laßt mich enden! Erst gestern erfuhr ich den ganzen Plan des Statthalters: er zielt ganz auf euer Verderben, und ich läugne nicht, daß ich ihn auch gebilligt habe! Glaubt mir aber! Bosheit und Tücke nistet noch nicht tief in meinem Herzen; ich war immer, was ich auch in eurem Dienste war, ein offner, redlicher Mann, aber auch immer arm und dürftig! Mein Weib hat mir acht Kinder gebohren, sie wachsen schon wacker heran, und fangen an, mich um ihr Erbtheil zu fragen! Dieß bewog mich, ein Schelm zu werden, und zu versuchen, ob ich, da man Dienste dieser Art immer reichlich belohnt, meinen Kindern nicht ein Erbtheil

F 5   erwer=

erwerben könnte. Die großen Verheißungen
des Statthalters nährten diesen Vorsatz trefflich, und ich war gestern sogar Zeuge, wie eure Tochter durch einen Priester des Klosters mit
dem jungen Eppenberg verbunden und getraut
wurde!

Gr. Friedrich. Landegg! Getraut? Verheurathet? O erbarme dich meiner, und sage,
du lügst! Ich beschwor dich, mir Wahrheit zu
erzählen, und würde dir itzt kniend danken,
wenn du Lügen erzählt hättest! Verheurathet?
Ah, nun wird mir alles hell und klar! O hätte er die Hälfte meiner Grafschaft mir entrissen, und an meine Feinde verschenkt. Ich
würde ihm alles vergeben! Aber mein Kind!
meine einzige Tochter! Die versprochne Braut
eines Andern! Nein! Nein! Diese Heurath ist
unächt, sie muß vernichtet werden!

Landegg. Das könnt ihr, wenns nicht
schon zu spät ist. Wollt ihr aber meinem Rath
folgen, so verzeiht und vergebt! —

Gr. Friedrich. Unmöglich! Nie und nim-
mermehr! Du bist mein ärgster Feind, wenn
du dieß mir rathen willst! Ich könnte den
Schimpf nicht überleben, mein Kind in Eppenbergs Armen zu sehen.

Landegg. Ist er nicht ein Edler? Waren
eure Urältern nicht auch einst nur Edle? Und
kann euer Ansehen ihn nicht mächtig aufwärts
heben? Könnt ihr nicht durch ihn einen neuen

Stamm

Stamm gründen, der vielleicht einst eben so herrlich wie der eurige blühen wird? — —

Gr. Friedrich. Halt ein! Du verschwendest deine Ueberredungskraft vergebens. Ich versprach meine Tochter dem jungen Uznach zum Weibe. Mein Wort ist heilig, ich muß, ich werde es halten.

Landegg. Thut, was euch am besten dünkt, ich will euch keineswegs eines Andern überreden! Nur so viel muß ich euch doch zur Beherzigung eröfnen, daß eure Tochter den Eppenberg grenzenlos liebt daß Trennung von ihm ihr gewißer Tod seyn wird.

Gr. Friedrich. So sterbe sie dann! So nehme sie all meine Hoffnung mit ins Grab! Beßer für sie und mich, als wenn sie so entehrt auf Erden umher wandelt. Mit ihm verheurathet! Ach es ist schändlich! Es erstickt jeden Keim zur Verzeihung! Es heischt volle Rache! — Und wo ist sie? Wo ist Mathilde? Damit ich sie den Armen des Räubers entreißen kann!

Landegg. Ihr sollt alles erfahren, was ich weiß! Mehr gelobte ich nicht! Mehr könnt ihr nicht fordern! — — Noch gestern erfuhr ich, daß Eppenberg in den Thurm sey geworfen worden, und hinterbrachte diese Nachricht dem Statthalter; er glaubte mit mir, daß alles entdeckt sey, war äußerst aufgebracht, daß die Folgen der Heurath so schnell waren verhindert worden, und both mir zweytausend Goldkronen,

wenn

wenn ich den Eppenberg rettete, und eure Tochter von der Rettung benachrichtigte. Aus Begierde, den ansehnlichen Gewinn zu erhaschen,
wagte ich das kühne Unternehmen, würde es
wahrscheinlich ausgeführt haben, wenn eure
Tochter mit Eppenberg nicht vorher schon entflohen wä͏. Ich fand den Thurm voller Be-
waffneten, und mitten unter ihnen euren Vogt.
Meine Begleiter entflohen schimpflich, ich allein
dekte ihre Flucht mit meinem Schwerte, und
ward bald überwältigt. Hier habt ihr das ofne
und vollendete Bekenntniß meiner That! Wohl
euch, wenns euch nutzen kann! Wohl mir, wenn
ich damit mein Gewissen versöhne!

Gr. Friedrich. Lohnen will ich dirs, eben
so reichlich, wie dir der Statthalter ein Bubenstück zu lohnen versprach! Nie soll dirs gereuen,
daß du zur Redlichkeit rückkehrtest! Nur bleibe
ferner mein Freund! Nur stehe mir itzt mit gutem Rathe bey. Du warst Eppenbergs Freund,
zu dir wird er flüchten, dir wenigstens seinen
Aufenthalt entdecken. Geschieht dieß, wie es
denn sicher und bald geschehen wird, so liefere
den Buben in meine Hände. Hilf mir mein
Kind retten, das dirs einst noch danken wird,
wenn es von seiner Verblendung geheilt ist.

Landegg. Pfuy, Graf, pfuy! Ihr be-
schimpft, ihr beleidigt mich grausam! Bey Gott,
ich würde diese Beleidigung rächen, wenn meine vyrigen Thaten euch nicht zu solch einem
schimpf-

schimpflichen Antrag ermuntert hätten. Meine
armselige Veste kann keiner Macht, am wenig-
sten der eurigen widerstehen; aber suchten die
Verlaßnen bey mir Schutz, so müßtet ihr mich
wahrlich unter dem Schutte der Mauern begraben, ehe ihr sie von dannen führen würdet.
Gastfreyheit ist mir heilig, und ich werde sie
nie verletzen!

    Gr. Friedrich. Wirst du sie auch einem
Räuber gewähren? Und ist Eppenberg nicht ei-
ner der größten? Hat er mir nicht das größte
Kleinod, mein einziges Kind, geraubt?

    Landegg. Ueberliefern würde ich ihn euch,
und ruhig zusehen, wie man ihn zum verdien-
ten Tode schleppte, hätte er euer Kind mit Gewalt geraubt! Aber sie floh freywillig mit ihm,
floh nicht eher, bis sie sein Weib war, und nun
ists kein Raub, ist nur gränzenlose Liebe, deren
Wirkung freylich oft verheerend ist, die aber keines Menschen Macht verhindern kann. (Graf
Friedrich will sprechen) Hört mich noch einen
Augenblick ruhig an! Ich will thun, was ich
thun kann, und sich mit meinem Gewissen ver-
trägt. Wahrscheinlich werden die Liebenden ihre
Zuflucht nicht zu mir, sondern zum Statthalter
nehmen. Sein Schutz ist weit mächtiger als
der meinige, und er gelobte diesen ihnen oft und
kräftig!

    Gr. Friedrich. O sprächst du doch wahr!
Sollten sie ihre Zuflucht zu ihm nehmen, so
würde

würde meine Rache sie bald erreichen. Der
Abt ist mein Freund — —

Landegg. Baut auf seine Verheißungen
nichts! Er kann sie nicht erfüllen! Dem alten
kranken Manne, der vielleicht morgen zum letztenmale athmet, gehorcht Keiner mehr. Der
Statthalter ist Regent, ihm gehorchen die Kriegsknechte, ihm hängen alle Konventualen an. Er
darf nur winken, und des Abts Befehle sind
vernichtet. Laßt euch rathen, und nehmt mich
zum Mittler an. Ist euer Kind im Sutze des
Statthalters, so nützt Gewalt nichts, ihr würdet dadurch nur seine Absichten befördern! Er
wünscht Fehde mit euch! Er will absichtlich euren
Kummer nähren, ihn nach Kräften zu vergrö-
ßern suchen, um euch siech und kraftlos zu machen! Noch einmal, laßt euch rathen! Es soll,
es wird alles noch gut werden, wenn ihr nur
auch die Hand dazu biethen wollt.

Gr. Friedrich. So sprich dann, was soll
ich thun?

Landegg. Vor allem lernt erst eure Feinde
kennen, und handelt dann so, damit ihr jede Absicht derselben vernichtet. Eure Grafschaft ist
das Ziel, nach welchem der Statthalter strebt;
und glaubt mir, er erreichts sicher, wenn ihr
euren Vorsatz nicht ändert. Euer Sohn ist dem
Tode näher, als ihr glaubt; mit ihm stirbt euer
Stamm aus: all eure Hoffnung ruht dann auf
eurer Tochter, und seht ihr nun wohl, wie künst-

lich

sich ers bereits angelegt hat, daß auch diese vernichtet wird? Er hat mit Macht eures Kindes Liebe zu Eppenbergen genährt, er hat alles gethan, um ihre Tugend den Flammen derselben Preiß zu geben, und da es ihm nicht gelang, so trieb er Spott mit dem Sakramente, und verheurathete sie ohne euren Willen. Er kennt euch und euren Karakter, er weis, daß ihr Mathilden dem Grafen Uznach zum Weibe bestimmtet, und jubelte schon im Voraus, daß ihr die Liebenden trennen, euer Kind durch fruchtlosen Zwang tödten, und euch ganz kinderlos machen werdet. Nie hätte er für Eppenbergs Rettung einen Pfennig aufgeopfert, wenn die Entdeckung nicht zu früh erfolgt wäre, wenn er nicht befürchtet hätte, merkt dieß wohl, Graf, daß die Heurath ohne Folgen, also Trennung dieser, und Verbindung mit dem jungen Uznach noch möglich seyn könnte. Willig wird er euch in kurzer Zeit den Eppenberg und wahrscheinlich auch Mathilden ausliefern, wird sich durch diese Schein- und Trugfreundschaft enger an euch zu ketten suchen, um am Ende euer Erbe ohne Fehde und Kampf zu erhaschen.

Gr. Friedrich. Ah wohl mir, daß ich dieß alles so erfahre. Herzlich gerne will ich der Habsucht des Statthalters etwas aufopfern, will seiner Hoffnung mit noch weit mehr schmeicheln, wenn ich nur mein Kind, und den Verfüh-

führer desselben zurück erhalte. Dann will ich
alle seine Plane vernichten — —

Landegg. Und wie? Wenn euch anders
diese Frage nicht zu kühn dünkt?

Gr. Friedrich. Wie? Durch Güte oder
Gewalt! Gleich viel! Entsagt Mathilde freywillig dieser verrätherischen Verbindung, so sey
Eppenberg frey. Entsagt sie nicht, so muß Eppenberg sterben, sie muß Uznachs Frau werden,
und sollte ich einen Monden nachher hinter ihrer Leiche gehen.

Landegg. Seht, wie wohl, wie gut der
Statthalter euch kennt! Ihr rennt in vollem
Laufe der forteilenden Rache nach, und bedenkt
nicht, daß ihr beym zweyten Schritte euch den
Kopf an einer Mauer zerschmettert, welche eure
hastige Eile nicht sieht. Habt ihr denn auch be-
dacht: Ob der Graf Uznach das Weib, oder,
wenn ihr die Heurath trennt, die Buhlerinn
des Eppenbergs zur Frau nehmen wird? Und
ist er endlich so niederträchtig, sie doch nehmen
zu wollen, was gewinnt ihr dadurch? Nichts!
denn ich setze meinen Kopf zum Pfande, daß
eure Tochter sich eher vor euren Augen den Dolch
ins Herz stößt, als einen Andern wählt.

Gr. Friedrich. O das Letztere wäre zu
verhindern, aber das Erstere! Ah dieß! dieß! —
(läuft auf und ab)

Landegg. Ihr sinnt vergebens! Gescheh-
ne Dinge könnt ihr nicht ungeschehen machen.

Ber-

Vermägs ja die Gottheit selbst nicht, wie wollt
ihrs vermögen! Wollt ihr euch, wollt ihr euer
Kind retten, so vergeßt und vergebt!

Gr. Friedrich. Unmöglich! Nein! Nein!
Unmöglich!

Landegg. Dazu rathe ich euch als Freund!
Diese Versöhnung nach Kräften zu fördern, ver-
pflichtet mich mein erwachtes Gewissen! Wollt
ihr aber beydes nicht hören, so habe ich geendet,
und ziehe wenigstens mit der Beruhigung von
euch, daß ich ehrlich und bieder gehandelt habe.
Graf! noch einmal, aber auch zum letztenmale,
bedenkt, was ihr thut! Ihr seyd schon alt, Jammer und Kummer werden eure wenigen Tage noch
mächtig verkürzen! Der Tod wird sich bald nahen, und wenn ihr dann eure Hände vergebens
nach Freunden und Kindern ausstreckt, eure
Einbildungskraft sie zum letztenmale in bluti-
gen Gewändern vor euer Lager führt, so erinnert euch meiner, und denkt: Er war der Einzige, ders redlich mit mir meynte! Gehabt euch
wohl! (will ab)

Gr. Friedrich. (sehr gerührt, ihm die
Hand reichend) Bleibe! Bleibe!

Landegg. Nein! Ich nütze euch nichts!
und schade am Ende mir selbst! Wollt ihr einst
meiner Redlichkeit lohnen, so werde ichs euch
herzlich danken, thut ihrs aber nicht, so hoffe
ich, daß mirs die That selbst mit Gewissensruhe
lohnen wird. Ich kehre zurück zum Statthal-

ter,

ter, werde aber eben so wenig seinen Plan, wie den eurigen fördern, und finde ich euer Kind dort, so gestehe ichs offenherzig, daß ich ihr mit Rath und That zur weitern Flucht beystehen werde. (will nochmals ab)

Gr. Friedrich. Verlaß mich nicht! Gönne mir Zeit! (er eilt zur Thüre) Lüttisburg! Ist er noch nicht hier?

Siebenter Auftritt.

Vorige.   Lüttisburg (mit einem Schreiben in der Hand)

Gr. Friedrich. (ihn bey der Hand fassend) Ich habe dir Unrecht gethan, ich habe dich und deine Ehre grausam gekränkt! Verzeih mir, und verlangst du Genugthuung, so soll sie dir im vollen Maase werden.

Lüttisburg. Eure Bekenntniß ist mir Genugthuung und Ersatz die Fülle!

Gr. Friedrich. Ich danke dir, und wills gewiß vergelten. Itzt habe ich deines Rathes und Beystandes nöthig. Dieser Ritter hier ist ein ehrlicher Mann, aber er preßt und ängstigt mein Herz grausam, seine Gründe dringen tief ein, hilf sie mir widerlegen, oder beweise mir ebenfalls, daß ich so, wie er heischt, handeln muß. (er erblickt das Schreiben) An mich?

Lüt=

Lüttisburg. Ja, edler Herr, ein Eilbo-
the aus Welschland hat es vor Kurzem über-
bracht.

Gr. Friedrich. Ah, Nachrichten von meinem Sohne! Vielleicht gehts ihm besser! Gieb
her, damit ich mich mit neuer Hoffnung stär-
ken kann! Mein Herz bedarfs!

Lüttisburg. Gestrenger Herr! Ich habe
den Bothen selbst gesprochen! Es ist eures Sohnes Diener!

Gr. Friedrich. Und wie gehts meinem Ferdinand? Wie lebt er? Doch was frage ich lange? Gieb her!

Lüttisburg. Das Schreiben ist nicht von
eurem Sohne!

Gr. Friedrich. Nicht von ihm!

Lüttisburg. Nein! Der Kaiser sendet
euchs! Ehe ihr lest, muß ich euch frey bekennen, daß euer Sohn sehr krank ist! -

Gr. Friedrich. Krank? Nur krank? (faßt
Lüttisburgs Hand) Alter! wenn dein Zau-
dern mich zur schrecklichsten Muthmaßung ver-
leitet, und ichs anders finde, dann verzeih dirs
Gott — — Du schweigst? Ah er ist todt! Dir
zittern Thränen im Auge? Er ist todt, und mit
ihm todt all meine Hoffnung, all mein Glück!

Lüttisburg. Faßt euch! Der Schlag kommt
nicht unerwartet!

Gr. Friedrich. So ists doch wahr? (er
taumelt auf einen Sessel) Todt? Mein Sohn

todt? Nein! Nein, du lügst! Gieb! Gieb!) er langt nach dem Schreiben, erbricht zitternd, und liest eilig und stammlend) „Lieber Getreuer! Ihr seyd ein Held und Christ — Euer Sohn, der schon lange mit dem Tode kämpfte — hat endlich ausgerungen! — Er starb — — (das Schreiben entsinkt seiner Hand, er starrt gen Himmel, und ringt die Hände)

Lüttisburg. (ihn schüttelnd) Herr! ergebt euch in den Willen des Himmels!

Gr. Friedrich. Weg von mir, weg! Du hast noch einen Sohn! Du kannst nicht mit mir weinen?

Landegg. Edler Herr! Ihr habt ja auch noch ein Kind! Denkt, daß es nun das Einzige ist! Frevelt nicht damit, sonst kann euch Gott noch unglücklicher machen! Ach es ist entsetzlich, kinderlos zu sterben! (zu Lüttisburg) Wenn ihr ein redlicher Mann seyd, wenn ihr euren Herrn liebt, ihn einst noch glücklich zu sehen wünscht, so vereinigt euer Bitten mit dem meinigen! Er verzeiht itzt oder nie mehr!

Lüttisburg. Habe ich nicht alles schon versucht? nicht immer zur Güte gerathen?

Landegg. Nur zur Güte? Zur Vergebung müßt ihr rathen! Keine andre Hülfe, ist möglich!

Gr. Friedrich. Landegg! Kommt näher! Kommt her zu mir! Und was both euch der Statthalter, als ihr Eppenbergen retten solltet?

Landegg.

Landegg. Zwey tausend Kronen!

Gr. Friedrich. Ich gebe euch zehne! Ich gebe euch, was ihr fordert! (weinend) Bringt mir meine Tochter! Du hast recht, Alter, du hast recht! Es ist nun mein einziges Kind! Nein! ich will nicht kinderlos sterben!

Landegg. Und ihr verzeiht und vergebt ihr vollkommen?

Gr. Friedrich. Alles! Alles! Sie soll mit ihm rückkehren! Er soll mein Sohn seyn!

Landegg. Gebt mir euer Ehrenwort! Sichert mich für jedem Rückfall!

Gr. Friedrich. Grausamer! Ist dir dieß marternde Gefühl, welches an meinem Herzen nagt, nicht mehr als Wort und Schwur? O mein Sohn! mein Sohn! — — Landegg, bring mir mein Kind zurück! Bey dem Gott, der mir dieß Leiden auferlegte, schwör ich dir: Ich will ihre Liebe nicht hindern, nicht stöhren! Aber ich muß Trost in ihrem Anblicke haben, sonst verzweifle ich! Nur sie!, Nur sie kann ihn mir reichen! — — (er steht auf) Ich will fort, ich will Einsamkeit suchen! Ich muß meinen Sohn beweinen! Sage ihr, daß ihr armer Vater sie bittet, sie beschwört, bald zurückzukehren! Meine Arme sind ausgestreckt nach ihr! Ach an ihrem Busen wird sichs besser weinen! Geh! Geh! Eile! Ich will indeß für ihre glückliche Ankunft bethen! (schwankt zitternd ins Seitengemach)

G 3 Acht=

Achter Auftritt.

Lüttisburg. Landegg.

Lüttisburg. Ritter! Ihr habt Wunder gewürkt! — — Ich bin euch ebenfalls Dank schuldig! Ohne eure Rückkehr würde ich vielleicht noch im unverdienten Kerker schmachten! Nehmt dafür meinen herzlichen Dank, und seyd ferner mein Freund! Ihr nehmt, wie ich merke, euch eurer Freunde dringend und warm an. Eppenberg bleibt euer ewiger Schuldner. Auch ich rieth immer zur Güte, aber zur gänzlichen Versöhnung, zur Billigung dieser blinden Leidenschaft würde ich nie gerathen haben! Denkt nur an die Folgen! Eppenberg kann nie Erbe der Grafschaft werden.

Landegg. Was kümmert dieß mich und euch! Sie sind seit gestern verheurathet. Wie kann ich anders rathen?

Lüttisburg. Verheurathet? Verheurathet? Ah dann handelt ihr als ein ehrlicher Mann, dann war keine Hülfe mehr möglich! Eilt also! Eilt, damit der Alte bald Trost empfange! Wo ist die Gräfinn?

Landegg. Noch weis ich selbst nicht, aber wahrscheinlich nahmen sie ihre Zuflucht zum Statthalter von St. Gallen, der von jeher der unwürdige Vertraute ihrer Liebe war. Ich will hin zu ihm, will noch einmal scheinen, was ich war, und Gelegenheit suchen, die Gräfinn so bald

bald als möglich zu sprechen. Wahrscheinlich wird er sie m ein Schuße anvertrauen, und dann sind wir geborgen! Machts nur dem Alten indeß begreiflich, daß mein Unternehmen Zeit braucht, daß ich nicht so rasch, wie sein Wunsch es fordert, handeln kann. Lebt wohl, bis auf fröhliches Wiedersehen. Noch einmal will ich ein Schalk seyn, um einen noch größern Bösewicht zu betrügen! Aber dann nie! Nie mehr! — — Glaube mir, Freund, ich spreche aus Erfahrung: Jede böse That gebährt eine Menge Kinder; Sie heißen Gewissensbisse, Unruhe, Angst, Furcht und Verzweiflung. Sie bringen ihrem Vater Gold und Reichthum mit, aber sie saugen wie Blutigel an seinem Körper, und martern ihn bald zu Tode. Gute Thaten zeugen zwar immer nur ein und oft ein wackendes, dürftiges Kind. Es heißt Seelenruhe! Ist aber ein frommes, gutes Kind, macht seinem Vater Freude, und drückt ihm sanft die Augen zu, wenn er zur Belohnung hinüber schlummert! Gehabt euch wohl! Bleibt immer redlich! so wirds euch am Ende auch so wohl werden! (geht ab)

Lütigburg. Lebt wohl, biedrer Mann! Kehrt bald zurück, damit wir enge Freunde werden können! (geht ins Nebengemach ab)

Neun=

Neunter Auftritt.

(Gemach des Statthalters zu St. Gallen)

Der Statthalter. Der Edle von Büchelsee.

Statthalter. (schon im Gespräch begriffen) Jammerschade, daß ich dich nicht eher kennen lernte! Ich wäre schon am Ziele all meiner Hoffnung! Mir giengs dießmal wie der blinden Henne, die emsig nach Futter scharrte, froh war, als sie ein faules Körnchen fand, und den Haufen Weitzen, der neben ihr lag, nicht erblickte! Ich schwöre dirs heilig und treu, wir bleiben ewige Freunde, wir arbeiten unermüdet fort, und theilen redlich die Früchte unserer Arbeit mit einander! Landegg war mir lieb und werth, aber da er so dumm war, sich fangen zu lassen, so mag er auch dafür büßen! Ich wasche meine Hände wie Pilatus, und läugne deinem Rathe gemäß alles rund weg!

Büchelsee. Recht so! Glaubt mir! Landegg war kein Mann für euch! Ich kenne ihn genauer! Er handelt nicht aus Grundsätzen, nur aus Noth böse, und solchen wankenden Männern ist nie zu trauen; am Ende folgt ein Rückfall, der alles verdirbt! Oft sah ich Landeggen in der Kirche bethen, oft reumüthig an seine Brust schlagen! Einst strafte er sogar einen seiner Buben, weil er einen Jagdhund auf ein
altes

altes Weib gehetzt hatte! Dieß alles ſind Kenn-
zeichen eines noch wachenden Gewiſſens, und
ſolch ein Mann taugt euch nicht. Ihr müßt einen Freund haben, deſſen Gewiſſen ganz ruhig
ſchläft, und nicht mehr zu erwecken iſt. Er
muß weder einen Gott noch einen Teufel glauben, keinen Himmel hoffen, keine Hölle fürchten, nur an euch wie eine Klette hangen, alle
eure Abſichten blindlings fördern, und nie von
euch laſſen, wenn ihr anders ſeinen Eigennutz
wohl pflegt und nährt! Solch ein Mann, ſolch
ein Freund bin ich! Macht die Probe mit mir,
und ihr werdet bald höher ſtehen.

Statthalter. Es bleibt bey meinem Worte, bey meinem Gelübde! Wir ſind von nun an
unzertrennlich. Doch der Abend naht, laß uns
unſern Plan ins Reine bringen. Wenn alſo der
alte Abt Unrath merkt, wenn der Graf etwan
ſeine Freundſchaft zu gewinnen ſucht, und Rache von ihm über mich heiſcht? — —

Büchelſee. So habe ich hier verſchiedne
Pülverchen, die mir ein guter Freund aus Welſch-
land mitbrachte, und die den unnützen Alten
binnen einigen Stunden und Tagen recht be-
quem und ohne Verdacht aus der Welt ſchaffen.

Statthalter. Das iſt gut! Dabey bleibts!
Es iſt eine wahre Wohlthat für den lebensſat-
ten Alten! Wer ſo lange gelebt hat wie er, iſt
auf der Welt nichts mehr nütze! Dabey bleibts!
Itzt weiter! Gräfinn Mathilden führſt du alſo

G 5   auf

auf deine Veste! Versprichst ihr Vater zu seyn,
sie gegen Tod und Hölle zu vertheidigen! —

Büchelsee. Das laßt meine Sorge seyn!
So etwas treff' ich herrlich, und im Heucheln
bin ich ein Meister! Sollt schon sehen, wie sie
an mir hangen, und mich als ihren Vater lieb-
kosen werden. Aber eine andere und wichtigere
Frage müßt ihr mir nun beantworten: Wie
lange sollen die verliebten Kinder in meiner Veste bleiben, und was soll am Ende aus ihnen
werden?

Statthalter. Das weis ich noch selbst nicht,
das muß die Zeit lehren!

Büchelsee. Ihr wollt ihnen doch nicht Vergebung bey dem alten Grafen bewürken?

Statthalter. Je bewahre! Seine Lehnleu-
te und Vasallen lieben ihn! Er könnte sie am
Ende überreden, daß sie dem Eppenberg doch
huldigten!

Büchelsee. Das wäre ein möglicher, ein
wahrscheinlicher Fall! Wollt ihr also mir folgen, so will ich euch anders und besser rathen,
will all diesen möglichen Folgen mit einmal vor-
beugen. Euch ists um die Grafschaft, und folglich darum zu thun, daß der alte Graf bald
kinderlos wird, und in den Armen der Religion Trost für seinen Jammer sucht.

Statthalter. Ja, dieß ist der Plan, an
dem ich schon so lange arbeite!

Büch.

Büchelsee. Warum wollt ihr ihn also nicht vollenden? Solch eine herrliche Gelegenheit beut sich euch nicht alle Tage, vielleicht nie mehr an! Mathilde ist entflohen! Wohin? Dieß weis niemand als ihr und ich! Ich führe sie heute Nacht auf meine Veste, das weis wieder niemand, als ich und ihr. Auch dort soll sie niemand zu sehen bekommen, und, wenn ihr wollt, bald niemand mehr sehen können.

Statthalter. Ha! Ich verstehe! Der geradeste Weg zum Ziele wärs freylich, nur müßen wir vorher überlegen: Wer, und was uns auf diesem Wege begegnen kann? Wie, wenn der gefangne Landegg ein Verräther würde, wenn er dadurch seine Freyheit erkaufte, würde man alsdann nicht mit Recht die Entflohnen von mir fordern? Und wie würde ich am Ende bestehen können? Die Beschuldigung eines Mords könnte mich um alle meine Hoffnung, um die ganze Regierung bringen.

Büchelsee. Nehmt mirs nicht übel, Herr Statthalter, ihr seyd behende und flink in Entwerfung des Plans, aber furchtsam und wankend bey der Ausführung. Ihr wollt viel, ihr wollt alles gewinnen, aber nichts verlieren. Ich muß euch nur die Augen öffnen, damit ihr den kleinen Stein des Anstoßes nicht für einen unübersteiglichen Felsen anseht, und auf der offnen Straße wieder umkehrt. Was kann Landegg verrathen? Wessen kann er euch beschuldigen?

gen? Daß ihr der Vertraute Mathildens wart?
Dieß ist Pflicht und Schuldigkeit eures Amtes;
ihr müßt Jeden anhören, Jedem Rath ertheilen! Seyd nun einmal, was ihr vermöge Pflicht
und Gewissen seyn sollt, und sprecht: Was ihr
der Dirne rathen würdet, die, in trunkner Liebe bis über die Ohren versunken, euch offenherzig beichtet, daß sie nicht mehr widerstehen kann,
in der nächsten Nacht unterliegen wird?

Statthalter. Wenn ichs so nehme, wie's
denn nicht anders zu nehmen ist, so habt ihr
freylich übervoll Recht! Niemand kann mich eines Trugs beschuldigen. Ich handelte gesätz-
mäßig, verhinderte eine gewiße Sünde, und
machte sie zum guten Werke.

Büchelsee. Nun also? Ist der Zweifel nun
gelößt!

Statthalter. Halb, aber nicht ganz! Bekannt ists, oder kann doch wahrscheinlich bekannt
werden, daß ich der Einzige und innige Vertraute der Liebenden war, wird man nicht folgern,
daß sie zu mir flohen — —

Büchelsee. Folgern können sies immer,
wenn sies nur nicht beweisen können. Diese
Vermuthung kann nur auf Landeggs Verrath
folgen, und wird jene durch diesen nicht offenbar widerlegt? Ihr wolltet den Eppenberg retten, aber er war schon, und folglich ohne eure
Hülfe entflohen. Ists dann nicht eben so wahrscheinlich, daß er auch ohne diese weiter nach
einem

einem fremden Lande wanderte, dort vor aller
Menschen Augen verborgen lebt? Laßt euch rathen, und folgt mir! Je früher Mathilde die
Welt verläßt, je eher habt ihr zur Grafschaft
Hoffnung! Euer ganzer Plan war nicht reif
durchdacht. Er gleicht der Seifenblase eines
Kindes, die schön glänzt, aber ohne Würkung
zerspringt, und gemeiniglich dem Nachgaffenden
die Nase besudelt.

Statthalter. Hm! Das sprachst du ganz
ohne Beweis! Mein Plan war sicher und gut!

Bichelsee. Werden's gleich erfahren, wenn
ich euch die Folgen desselben anschaulich dar-
stelle. Zugelassen, sogar als gewiß angenom-
men, daß der junge Graf in Welschland sein
Grab findet. — —

Statthalter. Darauf kannst du sicher hoffen. Eine unheilbare Abzehrung nagt bereits
an seinem Körper. Er stirbt, ehe das Laub
gelb wird!

Bichelsee. Wohl! Laßt ihn also schon tobt
und Mathilden die Erbinn der Grafschaft seyn!
Was habt ihr gethan, um diese Erbschaft zu
verhindern? Ihr habt die Dirne an einen Edelknecht verheurathet. Ihr habt dadurch viel,
aber lange nicht alles gewonnen; ihr habt die
Erbschaft erschwert, aber nicht verhindert: habt
einen Sturm erregt, der Anfangs äußerst stark
wüthen; aber eben deswegen auch bald enden
wird. Der Jammer des Grafen über den Ver-

lurst

lurſt ſeines Sohnes wird das Herz deſſelben mürbe machen, er wird Troſt, nicht in den Armen der Religion, ſondern an dem Buſen ſeines Kindes ſuchen. Er wird vergeben, vergeſſen! Durch ſeine Fürſprache, durch ſeine Vermittlung wird der Kaiſer Eppenbergen hoch empor heben, er wird ihm die Erbſchaft zuſichern und ihr müßt mit leerem Maule abziehen, habt weiter nichts zum Lohne, als Eppenbergs Dank und Freundſchaft, deſſen Glück ihr gegründet habt.

Statthalter. Wenns ſo käme, wie's denn möglicher Weiſe ſo kommen kann: wahrlich, ich rennte mir für Aerger den Kopf an der Mauer in Stücken! Du haſt Recht, ſo geths nicht! Biſt ein andrer Freund, als Landegg, der meine Pläne nur blindlings billigte, höchſtens nur das Ziel derſelben zu errathen ſuchte. Wollen wir dieß erreichen, ſo müſſen wir anders handeln, und geht der Weg über Mathildens Grab, ſo mag ſie deswegen mit dem Schickſal rechten, das ſie mir gerade in meiner Laufbahn entgegen führte.

Büchelſee. Recht ſo! Ladet nur alles, was ihr nicht verantworten könnt, auf den Rücken des unvermeidlichen Schickſals. Es iſt ein guter williger Eſel, trägt täglich ſeine Bürde nach einem Fluſſe, der alles ins Meer führt, wo's nach und nach zur Vergeſſenheit unterſinkt.

Statt-

Statthalter. Durch Mathildens Tod gewinne ich allemal mehr, als durch ihr Leben. Immer wird der Alte auf ihre Entdeckung hoffen, und endlich in dieser Hoffnung sterben! Vergabt er auch sein Erbe nicht freywillig an uns, melden sich auch andere Erben, so kann ich doch, indeß sie sich drum zanken, wacker im Trüben fischen, kann alle alte Ansprüche erneuern, und geltend machen. — —

Büchelsee. Nun? Soll ich den Stab brechen?

Statthalter. Ja! Nur zu!

Büchelsee. Ueber sie und ihn?

Statthalter. Ueber sie und ihn! Ein alter Thurmwächter ist auch bey ihnen!

Büchelsee. Um so besser, so bekommen sie doch Gesellschaft auf der Reise!

Statthalter. Und meynst du, daß es schnell und plötzlich? daß es schon in der Höhle geschehen solle?

Büchelsee. Im Walde? In der Höhle? Dort könnten ihre Körper leicht einmal entdeckt werden, dann gäbs nur lästige Nachfrage, Untersuchung, und der Alte wüßte doch, woran er wäre. Ich führe sie auf meine Veste, wills schon veranstalten, daß wir dort erst um Mitternacht anlangen; dann sieht sie niemand als der Wächter, welcher sie nicht kennt, und es überdieß gewohnt ist, um diese Zeit Fremde hereinführen zu sehen, welche nie mehr rückkehren.

Gerade

Gerade am Fuße meines Wartthurms ist ein Loch, dessen Tiefe ich noch nie ergründen konnte; dort werden ihre Körper wohl und sicher ruhen.

Statthalter. Du bist mein Meister! Zu dir muß ich noch in die Schule gehen! Es bleibt also dabey! Kannst sie bey dir in ein Gefängniß sperren, und darauf vergessen, daß man, um zu leben, auch essen muß!

Büchelsee. Zu was der vielen und unnöthigen Umstände?

Statthalter. Je, es ist nur! — — Ich schwor einst, kein Blut zu vergießen!

Büchelsee. Wenns nichts anders ist, so seyd ruhig! Die That verantworten wir mit einander, und das Blut, welches dran kleben wird, nehm' ich allein auf mich! — — Es dämmert schon fein! Die Zeit zur Abreise naht!

Statthalter. Nur eins noch! Wenns doch einmal, wenns durch unvorhergesehenen Zufall verrathen würde?

Büchelsee. Dann bin ich erst ein Mann für euch! Ein Freund, wie ihr keinen bekommen werdet. Dann wälzt die ganze Schuld auf mich, und ich fliehe! Ich habe kein Weib, kein Kind! Die Welt ist mein Vaterland, und mein Wohnsitz dort, wo mirs am besten behagt! Nur eins beding ich mir, und sags euch unverhohlen: Ich trage dann die Schuld nur so lange, als ihr mich reichlich in der Ferne unterstützt, mir die

Last

Laß wenigstens jährlich mit tausend Goldkronen bezahlt.

Statthalter. Du sollst sie, sollst mehr als dieß haben, damit du auch dann, wenn ich sterbe, nicht darben darfst! Hast du Rosse mit dir?

Büchelsee. Rosse und Hunde! Wie ihr ringsumher nicht ihres Gleichen findet.

Statthalter. So reite voraus, und erwarte mich am Kreuze, welches unfern der roschacher Heerstraße, an des Forstes Ende steht. Sobald der alte Wegweiser kommt, so schleiche ich in geheim mit ihm fort, übergebe sie dir, und laß für alles Andre dich sorgen!

Büchelsee. Das macht ihr klug und weise! Kümmert euch nicht, auf Flucht solls nicht kommen. Ich will noch oft den Becher mit euch leeren, und, wenn ihr einst die Grafschaft in Besitz nehmt, stolz an eurer Seite reiten.

Statthalter. Du bedarfst, wenn auch ich zu Fuße gehen will, vier Rosse, sonst, erreichst du deine Veste um Mitternacht nicht. Wer wird die Rosse leiten?

Büchelsee. Ich selbst! Bin ich einmal am Forste, so sende ich meine Knechte unter irgend einem Vorwande heim, oder sonst wohin, und harre mit den Rossen, bis ihr kommt!

Statthalter. Herrlich! So kanns niemand verrathen! So geh! Bald, geprüfter Freund, sehen wir uns wieder!

Büchelsee. Zögert nicht zu lange, damit's am Ende nicht an der Zeit gebricht. (ab)

Zehnter Auftritt.

Der Statthalter (allein.)

Wahrlich, ein anderer Mann, wie Landegg!
Sein Gewissen ist federleicht, und doch versteht
er die Kunst, ungeheure Felsen aus dem Wege
zu heben! Freylich schimmert durch seine Freundschaft heller, lichter Eigennuß durch, den zu be-
friedigen, ich vollauf zu thun haben werde! —
Doch, ist er unersättlich, wird er mir zu über-
lästig: so giebts, wenn alle Absichten erreicht
sind, der Mittel viele, des Ueberlästigen los zu
werden.

Eilfter Auftritt.

Der Statthalter. Landegg.

Statthalter. Je! Freund Landegg! Je,
wahrlich du bists! Sey mir tausendmal willkommen! Schon habe ich Thränen in Menge
vergossen, weil ich dich so herzlich gerne zu retten wünschte, und doch nicht retten könnte! Wie
bist du entkommen? Welch Wunder hat dich
befreyt?

Landegg. Ja wahrlich wärs ein Wunder,
daß ich entkam, daß ihr mich wiederseht! Ich
mußte alle meine fünf Sinne gefangen nehmen,
um mich durch die glänzenden Verheißungen,
die man mir both, wenn ich alles gestände, nicht
blenden zu lassen. Aber eher, traut meinen
Wor-

Worten, hätte ich alle Martern über mich er=
gehen lassen, als euch mit einer Silbe verra=
then.

Statthalter. Ich danke dir, Freund, ich
will dirs reichlich lohnen! O dich wieder zu ha=
ben, dich wieder frey zu wissen, ist Wonne für
mein traurendes Herz. Aber sage mir nur,
wie's möglich war, daß du entkamst?

Landegg. Wie? Ganz natürlich und leicht!
Man verwahrte mich, nach einem langen Ver=
höre, in eben dem Thürme, aus welchem Ep=
penberg entflohen war, ungefähr eine Stunde
darauf brachte mir ein Knecht Brod und Waf=
ser. Ich sammelte alle meine Kräfte, warf ihn
zu Boden, und entsprang nach der Thüre des
Ausfalls, die zum Glück noch offen war. Durch
diesen entkam ich glücklich!

Statthalter. (für sich) Sehr seltsam,
und unwahrscheinlich! (zu Landegg) Und
warst du nicht gefesselt?

Landegg. Gefesselt? Ja? Ich, ich war ge=
fesselt! Die Ketten, die, die — — (geschwind)
schlug ich mit einem Steine mir im Walde von
Füßen!

Statthalter. (für sich) Er stottert! O
er lügt! Er ist zum Verräther worden, und
kommt mich auszuforschen! (zu Landegg)
Und wie gehts Eppenbergen? Da du mit ihm
in einem Gefängniße warst, warum entfloh er
nicht mit dir?

Landegg. (für sich) Er traut mir nicht! Oder sollte ers würklich nicht wissen? (zum Statthalter) Wißt ihr denn nicht, und sagte ichs euch denn nicht, daß Eppenberg schon, ehe ich anlangte, entflohen war, daß eben deßwegen — —

Statthalter. Wie? Eppenberg entflohen? Und du auch frey? Du machst mich zum glücklichsten Manne! Urtheile aus meiner plötzlichen Freude, daß du der Erste bist, welcher mir diese frohe Nachricht bringt! Wenn nur die Gräfinn es erführe, ihm auch nachfolgte, dann wäre erst meine Freude ganz vollkommen.

Landegg. (für sich) Er muß doch nichts wissen! (zum Statthalter) Auch die Gräfinn ist schon fort, ist schon bey ihm!

Statthalter. Fort? Bey ihm? Trügst du mich würklich nicht? Unmöglich, dieß wäre auf einmal zu viel Gutes! Zu viel Wonne! (für sich) Ich muß ihn ganz ausforschen!

Landegg. Auf mein Ritterwort und Ehre! Sie entfloh mit ihm! Sie rettete ihn durch Hülfe des alten Thurmwächters. Eben war seine Flucht entdeckt worden, als ich im Thurme anlangte. Ihr könnt euch vorstellen, wie ich erschrack, als ich mich auf einmal von vielen Reisigen umringt sah. Ich allein stand, und wollte mein Leben theuer verkaufen, aber ich ward sogleich überwältigt, und gefangen genommen. Ich glaubte, eure Knechte würden euch

dieses

ließes und auch Eppenbergs Flucht erzählt haben, aber die Feigen flohen zu früh, um etwas davon hören zu können.

Statthalter. Deine Gefangenschaft berichten mir die Schurken treulich, aber sonst kein Wort von allem. Und wo ist Eppenberg? Wo die Gräfinn?

Landegg. Das hoffte ich von euch zu erfahren, und glaubte sie sicher hier zu finden! Ich wollte euch und sie warnen, denn der alte Graf hälts für gewiß, daß sie zu euch flüchteten.

Statthalter. (für sich) Aha nun will er mich ausforschen, und ängstigen! Oder ist sicher ein Verräther!

Landegg. Ich eilte hieher, um sie auf meine Veste zu führen; dort wird sie sicher niemand suchen!

Statthalter. (für sich) O nun ists offenbar! Er will sie dem Vater überliefern. Ich muß ihn zu entfernen suchen! (zu Landegg) Verdammt! Wenn wir nur wüßten, wo sie wären, um ihnen Nachricht zu geben! Du mußt fort, sie aufsuchen!

Landegg. Aber wo? Gott weis, in welchem Winkel sie sich verborgen halten!

Statthalter. (für sich) So gehts nicht! (zu Landegg) Freylich, das hieße mit einem bodenlosen Fasse Wasser schöpfen wollen. Doch indeß ich für sie sorge, vergesse ich ganz der Ge-

fahr,

fahr, in welcher du schwebst. Deine Flucht aus
dem Kerker wird bereits verrathen seyn: man wird
dich überall suchen, und eben so sicher bey mir vermuthen! Wendet sich der alte Graf an den Abt,
wie er's denn ganz sicher thun wird, so wäre
ich kaum, vielleicht gar nicht im Stande, dich
zu schützen. Du mußt fort, mußt dich auf einige Zeit verbergen! Komm, ich will dir Gold
geben, laß dir nichts abgehen! Ich sende dir
noch mehr, aber du mußt fort, sonst könnte auch
ich ins Gedränge kommen.

Landegg. (für sich) Immer will er nur,
daß ich mich entfernen soll! (zu ihm) Ich
danke euch für eure Freundschaft, für eure Fürsorge; aber sie ist unnöthig. Niemand in Toggenburgs Veste muthmaßet, und weis, daß ich
der Gefangne war. Ich hatte, wie ihr wißt,
mein Gesicht schwarz gefärbt, als ich gefangen
wurde! Keiner durfte es antasten! Keine Drohungen, keine Verheißungen waren vermögend,
mich zu zwingen, meinen Namen zu entdecken.

Statthalter. (für sich) Abermals äußerst unwahrscheinlich! Er lügt! Er lügt!

Landegg. Man hoffte, daß Zeit und Gefängniß mich schon zum Geständniß bringen würden, aber ich entfloh ohne dieses glücklich, und
reinigte mich erst am Brunnen im Forste.

Statthalter. Wenns nur wirklich so ist!
Wenn man nur nichts muthmaßet! Lieber will
ich meinen ganzen Plan scheitern sehen, als mei-

nen

nen Freund, den treuen Förderer all meiner Absicht, neuen Gefahren aussetzen!

Landegg. Sorgt euch nicht! Ich bürge
dafür! Niemand kanns muthmaßen, und wehe
dem, der mit irgend einer solchen Muthmaßung
mich belästigen wollte!

Statthalter. (für sich) Verdammt, er
hängt wie eine Klette an mir! Ich kann ihn
nicht los, nicht fortbringen! (zu ihm) Nun
wohl, nun gut! Wüßten wir izt nur, wo Eppenberg mit seiner Mathilde wäre, dann sind
wir geborgen!

Landegg. Immer hoffe ich noch, daß sie
euch doch Bothschaft senden, vielleicht nur die
Nacht abwarten, um selbst zu kommen.

Statthalter. (für sich) Der Schlaue, im
Errathen bleibt er immer Meister! Er muß doch
fort, und wenn Ketten ihn an mich fesselten!
(zu ihm) Möglich! Möglich! Und wohl uns,
wenns so kommt, dann führst du sie sogleich
nach deiner Veste!

Landegg. (für sich) O! er argwohnt
nichts! Er will sie mir ja anvertrauen!

Statthalter. Aber ich Thor! — — Dießmal, guter Landegg, trügst du dich auch! Zu mir
kommen sie nicht, sicher nicht! Sagtest du nicht
selbst, daß der alte Graf alles weis, daß er sie
bey mir vermuthet?

Landegg. Ja! denn er glaubte oft, daß
ich ein Reisiger des Klosters sey!

Statt.

Statthalter. Nun, also! Wer anders wird ihm alles gestanden, alles verrathen haben, als die geängstigte Mathilde, oder der faßungslose Eppenberg?

Landegg. Möglich und wahrscheinlich!

Statthalter. Wie sollen sie also zu mir flüchten? So albern und vernunftlos sind sie wahrlich nicht! Denn sie können es ja mit Häuden greifen, daß der Vater sie sogleich bey mir suchen, von mir fordern wird.

Landegg. (für sich) Da hat er nicht Unrecht! Die Furcht der Entdeckung kann sie ganz von ihm entfernen.

Statthalter. Kennst du nicht Eppenbergs Freunde? Vielleicht — — Oder, wahrlich ich trüge mich nicht! Vielleicht flohen sie nach deiner Veste! Dort werden sie sicherer zu seyn glauben, und sinds auch wahrlich! Wie, wenn du ein Roß satteltest, und heimjagtest, mir morgen mit dem Frühsten Nachricht brächtest —

Landegg. (für sich) Bey Gott! Es könnte möglich seyn! (zu ihm) Warum nicht? Wenn ihr befehlt!

Statthalter. (für sich) Ah! die Maus beißt an, bald soll sie gefangen seyn! (zu ihm) Befehlen! Befehlen! Wie kannst du so mit mir sprechen! Ich meyne, und glaube nur! Aber es verdient doch untersucht zu werden! Kommen sie dahin, und dein Weib ist nicht unterrichtet! — —

Lan-

Landegg. Ja! ja! ihr habt Recht! Sie wäre im Stande ihnen die Herberge abzuschlagen. Ich muß hin! Vielleicht bin ich diese Nacht noch bey euch!

Statthalter. Nein! Dieß könnte Verdacht erregen! Lieber morgen mit dem Frühsten — —

Landegg. Auch dieß! Jeder Verdacht muß itzt vermieden werden! Gehabt euch wohl, bis morgen! (eilt fort)

Statthalter. Bringe mir frohe Nachricht! In jedem Falle aber holst du dir deinen schuldigen Lohn ab!

Landegg. Hat gute Weile! Ist bey euch gut aufgehoben! (ganz ab)

Zwölfter Auftritt.

Statthalter (allein)

O wärst du eben so gut aufgehoben wie dieser, so hätte ich eine Last weniger zu tragen! Sicher und gewiß ist er ein Verräther, oder meine ganze Menschenkenntniß müßte mich trügen! Büchelsee hat Recht! Sein Gewissen ist erwacht, und mit gewissenhaften Männern ist nichts zu thun! Wie er dastand, sein Auge zu mir gern aufheben wollte, und doch nicht aufzuheben wagte! Wie er stotterte! Wie er hin und her wankte! Alles Beweise

des

des Verraths! Nein! Nein! Besser, wenn ich argwöhnisch bin und bleibe! Die Zeit muß das Räthsel lösen, wenns mein Scharfsinn nicht schon gelößt hat.

Dreyzehnter Auftritt.

Der Statthalter. Jobst.

Jobst. (sich herein schleichend) Hab doch errathen! Ihr seyd doch allein, edler Herr?

Statthalter. Allein! Habe dich schon längst mit Sehnsucht erwartet! Es begegnete dir doch Niemand, der dich etwan erkannte?

Jobst. Niemand! Auf der Treppe gafte mich zwar ein Ritter an, ich gieng aber meines Weges ungehindert fort. Wie ich oben war, schiens mir, als ob er umkehre, und mir nachfolge.

Statthalter. Nachfolge? Verbirg dich geschwind da im Nebengemache! Geschwind! Wir könnten überrascht werden! (öffnet die Thüre, und führt ihn hinein. Allein) Wenns etwan Landegg wäre! Dann wäre alles verlohren!

Vierzehnter Auftritt.

Der Statthalter. Landegg.

Landegg. (eilig) Kam Niemand zu euch? War Niemand hier?

Statthalter. Niemand! Und doch! — Mein alter Hanns war eben hier, und ordnet im Nebengemache mein Lager!

Landegg. Euer Hanns? Da habe ich mich fein in meiner Erwartung betrogen! Wie ich hinab eilte, begegnete mir auf der Treppe ein Greis, den ich in der Dunkelheit wahrlich für den Thurmwächter von Toggenburg ansah, und sicher glaubte, daß er euch Bothschaft brächte. So wars also euer Hanns! Auch dieser schleicht so langsam, und athmet auf jeder Staffel zweymal! — — Verzeiht meinem Irrthume, ich wollte den Ritt ersparen! Will aber die Verzögerung durch Eile wieder gut machen! Lebt wohl! (ab)

Fünfzehnter Auftritt.

Der Statthalter. (Bald hernach) Jobst.

Statthalter. (ihm nachsehend) Armer Landegg! Bist doch ein elender Tropf! Läßt dich mit der armseligsten Entschuldigung abfertigen! — Wie? wenn er aber doch ein Schalk wäre!

wäre! Vielleicht mich nur sicher zu machen
suchte! Unten lauerte! — — Das müssen
wir vorher gewiß seyn! (tritt ans Fenster)
Ah er geht nach dem Stalle! Er ists doch?
Nein! Ja! Ja! er ists! (eine Pause) Er
hält Wort! Er eilt wacker! Schon sitzt er auf
dem Rosse! Ah das geht schnell und lüftig, als
wenn es ein Land zu verdienen gäbe! Nun!
der alte Graf mag ihm auch schon was Wich-
tiges zugesagt haben! Jag nur zu! Findest sie
nicht, und sollst sie wahrlich nie mehr finden! (geht zum Nebengemache) Guter Alter, komm nur heraus! Es ist schon alles sicher!

Jobst. War jemand hier?

Statthalter. Ja! Eben der neugierige
Ritter, welcher dir auf der Treppe begegnete.
Habe ihn aber schon fortgeschickt! Was machen
meine Kinder? Wie gehts ihnen?

Jobst. Sie harren sehnlichst eurer verspro-
chenen Ankunft entgegen, und danken euch im
Voraus herzlich für euren Beystand!

Statthalter. Ich erfülle nur meine Pflicht.
Ich versprach ihr Vater zu seyn, und werde
mein Versprechen halten! Alles ist bereits veranstaltet, um den lieben Kindern Ruhe und Sicherheit zu verschaffen. Am Forste harrt schon
ein treuer Freund von mir auf mich. Dieser
wird sie auf seine Veste führen, wo sie niemand
entdecken, niemand finden soll! Dort können
sie

ſie ruhig und ſicher wohnen, bis ſich der Starr
ſinn des alten Vaters bricht, bis ich ſie im
Triumphe und zur Verſöhnung in ſeine Arme
führen kann.

Jobſt. Lohns euch Gott! Ihr vollbringt
eine gute That, ihr baut euch damit eine Staffel zum Himmel! O wenn ihr ſehen ſolltet,
wie ſie ſich lieben, wie Jedem von ihnen die
finſtre Höhle ein Pallaſt dünkt, weil ſie dort
ungeſtöhret miteinander koſen können!

Statthalter. Komm, Alter, komm! damit ich Theil nehme an ihrer Freude, und ſie
ihnen auf immer ſichere! (mit Jobſt ab)

Ende des dritten Aufzugs.

Vier-

Vierter Aufzug.

(Eine waldigte Gegend. Rechts ein hoher Felsen,
an dessen Fuße eine Höhle. Es ist Nacht.
Uhu rufen, und Eulen krächzen)

Erster Auftritt.

Eppenberg. Mathilde. Anna.

Mathilde. (den Eppenberg bey der
Hand haltend) Nein! Ich lasse dich nicht
wieder fort! Bleibe bey mir! Ach, ohne dich
ists so wild, so schauerlich hier!

Eppenberg. Ich wollte nur auf der Anhöhe horchen, und sehen: Ob sie noch nicht
kommen?

Mathilde. Es ist ja finster! Du siehst
so wenig, wie hier, und ängstigst mich vergebens!

Anna. Sie bleiben lange! Wenn nur
mein Mann nicht entdeckt, und angehalten
wurde!

Mathilde. Das wolle Gott verhüten!
Gutes Weib, ich verursache dir vielen Kum-

mer,

ther, viele Angſt!— Aber vergolten ſoll dirs auch reichlich werden.

Eppenberg. Als unſre Mutter wollen wir euch ehren, und eure Tage durch ſorgfältige Warte und Pflege zu verlängern ſuchen.

Anna. Lohns euch Gott! Liebe Kinder! Es ſoll mir noch recht wohl werden in eurem Umgange! Ich hoffe, es wird mich nie reuen, alles verlaſſen zu haben, um euch nur glücklich zu ſehen. — — St! Hört ihr?

Eppenberg. (horchend) Richtig! Das ſind Huftritte, in der Ferne!

Mathilde. Ach ſie kommen, Eppenberg, unſre Erlöſer kommen!

Anna. Wenn ſies nur auch gewiß ſind! Wenn nicht etwann ausgeſandte Späher eures Vaters die Gegend durchſuchen! Kommt Kinder, kommt in die Höhle, damit wir uns verbergen können!

Eppenberg. (Mathilden nach der Höhle führend) Sie kommen immer näher!

Mathilde. Sie ſinds, mein Herz ſagt mirs, es ſind unſre Retter! (ſie ſtehen am Eingange der Höhle, horchen und blicken rückwärts)

Anna. Sie ſprechen! Dieſe Stimme kenne ich nicht!

Mathilde. Auch ich nicht!

Eppenberg. Das war des Statthalters Stimme.

Mathil

Mathilde. Glaubst du? Mir schiens nicht so!

Anna. (horchend) Ah! Izt sprach Jobst! Sie sinds! Sie sinds!

Mathilde. Gott, dir gelobte ich meinen ersten Dank! Nimm ihn! Nimm ihn aus der Fülle meines Herzens! Sie sinds! Kommt ihnen entgegen!

Eppenberg. Wahrlich sie sinds! Nun sind wir geborgen!

Zweyter Auftritt.

Vorige. Der Statthalter. Büchelsee.
Jobst. (Sie klettern von der Anhöhe herunter.

Statthalter. (von oben zu Jobsten) Hast sie trefflich verwahrt! In dieser Wildniß würde ich nie Menschen suchen!

Eppenberg. Hörst du, die Stimme unsers Freundes! Willkommen, lieber Vater, tausendmal willkommen!

Statthalter. Ah meine Kinder! Dort unten harren sie unser schon! (zu Jobsten) Leite mich geschwind hinab, daß ich mich in ihrer Umarmung erholen kann.

Büchelsee. (für sich) Ein Schalk ohne Gleichen wie er sich zu verstellen weis!

Ma

Mathilde.) (umarmen nun den Statt-
Eppenberg.) halter, und sinken zu seinen Füssen) O guter Vater! Nimm unsern
heissesten Dank!

Statthalter. Steht auf, Kinder, steht
auf! In meinen Armen, an meinem freund-
schaftlichen väterlichen Herzen ruht sichs besser!
Da blick her, glücklicher Büchelsee, blick her,
welch ein Kleinod ich deiner Pflege, deiner it-
nigen Sorgfalt anvertraue! Wenn du es den
lieben Kindern recht wohl gehen läßt, sie wie
dein Auge im Kopfe vor allen Anfällen ver-
wahrst, so werden sie, so will ich dirs reichlich
lohnen.

Mathilde. Wo sollen wir hin? So werden wir nicht bey euch Schutz und Ruhe finden?

Statthalter. Gerne gewährte ich sie euch,
wenn ich zugleich für eure Sicherheit bürgen
könnte. Aber unser Abt ist ein alter, friedlie-
bender Mann. Wenn euer erzörnter Vater
euch von ihm forderte, er würde, um Ruhe zu
genießen, euch seiner Rache ausliefern.

Eppenberg. Ja wohl, da habt ihr Recht,
ja wohl! Denn eben er hat unsre Zusammen-
künfte bey euch dem alten Grafen verrathen.

Statthalter. Er? Unser Abt?

Eppenberg. Ja, euer Abt! Ich habe sein
Schreiben selbst gelesen, in welchem er mich
verrä-

J

verrätherischer Absichten, und verdächtigen Um-
gangs mit euch beschuldigt!

Statthalter. (zu Büchelsee) Wenn du
mich morgen heimsuchst, so bringe die Pulver
mit! (laut) Nun, seht ihr selbst, wie wohl
ich that, daß ich nach fremder Hülfe mich
mühte! Ich vertraue euch meinem innigsten,
meinem besten Freunde, dessen Veste unfern von
hier liegt, wo euch Niemand suchen, Niemand
finden wird! O es ist ein Ritter, wie's in dieser heillosen, im Argen liegenden Welt wenige
giebt: er ehret Gott mit warmem Herzen, liebt
jeden Menschen, und macht sichs zum noth-
wendigsten Geschäfte, allen Nothleidenden bey-
zustehen.

Büchelsee. Ich danke euch für euer un-
verdientes Lob, wills aber nach Kräften zu verdienen suchen. Ich habe keine Kinder, und
wenn des alten Grafen Herz sich nicht erweicht,
so sollen sie die meinigen werden, und Trotz sey
dann dem gebothen, der sie mir rauben will!

Eppenberg. Habt Dank, edler Ritter,
habt Dank! Wollte Gott, wir köntens euch
einst lohnen!

Mathilde. Und können wir dieß nicht, so
soll doch wenigstens innige kindliche Liebe euch
überzeugen, daß ihr eure Wohlthaten nicht an
Undankbare verschwendetet.

Eppenberg. Aber wir sind nicht allein,
diese zwey Alten haben sich unsrer Noth erbarmt,

harmt, haben uns daraus errettet. Laßt sie
auch eures Schutzes genießen, lohnt ihnen die
That, welche wir nicht vergelten können.

Büchelsee. Sie sind mir lieb und werth!
Es soll ihnen so wohl wie euch gehen, denn
ihnen habe ich zwey so gute Kinder zu verdanken!

Mathilde. Sie verdienen es. Nun, Jobst,
nun, Anna! Werdet ihrs bereuen, daß ihr euch
unser erbarmtet?

Jobst. Nein, auch dann nicht, wenn ich
für euch und uns Brod betteln mußte!

Statthalter. Das sind herrliche, gute
Leute, Freund! Lohne es ihnen mit süßer Ruhe! Doch die Zeit eilt, und wir müssen sie zu
eurer Sicherheit benutzen! Seyd ihr einmal auf
meines Freundes Veste angelangt, so will ich
gewiß auch nicht müßig seyn, will alles an-
wenden, um euch bey dem Grafen Vergebung
zu erflehen.

Eppenberg. O er wird nie, nie verzeihen!

Statthalter. Sorge dich nicht! Der Verlust seines Kindes wird ihm nahe gehen, und
ihn zur Verzeihung bewegen. Ich hoffe dich
bald als seinen Sohn in seinen Armen zu sehen!

Mathilde. O wenn dieß möglich wäre!

Statthalter. Ich hoff's möglich zu machen!
Seyd indeß ruhig! Denn ehe ich nicht seiner fe-

sten Vergebung gewiß bin, erfährt er euren
Aufenthalt nicht. Doch — wir müssen uns
trennen! Euer Pfad geht Rechts, der meinige
Links!

Eppenberg. So zieht ihr nicht mit uns?

Statthalter. Ich muß diese Nacht rückkehren, damit ich beym Abte, der euer Feind
ist, keinen Verdacht errege. Lebt wohl! Morgen Abends sehe ich euch wieder! (Mathilde
und Eppenberg umringen ihn) Keinen Abschied, Kinder, keinen Abschied! Er thut meinem Herzen weh! und ist doch nicht zu vermei-
den! Freund! Sey ihr Vater, und laß es ihnen wohl gehen?

Büchelsee. (zum Statthalter) Es bleibt
doch bey unserm Plane?

Statthalter. (heimlich) Allerdings!

Büchelsee. Kommt, Kinder, kommt! Wir
wollen schon besser bekannt werden!

Mathilde, Eppenberg, Jobst, Anna
zugleich, und durch einander zum Statthalter) Lebt wohl, Vater! Gottes Segen über
euch! Lohns euch Gott!

Statthalter. Lebt wohl! o es trennt sich
so schwer! Lebt wohl! (sich weinend stellend)
Mein Herz folgt euch!

Alle. (im Abgehen) Lebt wohl! wohl!
bis auf glückliches Wiedersehen. (Alle ab)

Drit-

Dritter Auftritt.

Statthalter (allein)

Hm! Es ist doch, als wenn da (aufs Herz zeigend) etwas zu ihrem Vortheile spräche, und um Mitleid flehte! — — Ah! Eine Folge meiner albernen Erziehung, die in solchen Fällen sich oft noch thätig und sichtbar zeigt. — — (horcht) Ha! Sie traben schon vorwärts! Nur fort! Nur fort! Sie standen mir im Wege! Ich muß vorwärts, und kann folglich nicht dafür, daß ich über ihre Leichen schreiten muß! Eine wilde, — schauervolle Gegend! — — Wie die Eulen krächzen, als ob sie ein Todtenlied sängen! — — Ich kann hier nicht den Tag erwarten, es schaudert mich ordentlich! Muß aus dem Forste zu kommen suchen! — Hätte doch Begleiter mit mir nehmen sollen! (will gehen, horcht) Da raffelt etwas! Es sind Nachtvögel! Nein! Das sind Tritte! Bey Gott, es kömmt etwas auf mich zu! (er zieht sein Schwert) Wer ist hier? Wer heischt Tod von mir?

Drit-

Dritter Auftritt

Der Statthalter. Landegg (welcher aus
dem Hintergrunde hervor schlich).

Landegg. (dem Statthalter in den
Arm fallend, und das Schwert entwin-
dend) Ich bins!

Statthalter. Wer? Wer? Ach laßt mich!

Landegg. (ihn haltend) Ah! Bösewicht,
du entkommst mir nicht!

Statthalter. Ist das nicht Landeggs
Stimme?

Landegg. Ja, sie ists, um Rechenschaft
von dir zu fordern.

Statthalter. Landegg, was beginnst du?
Bin ich nicht dein Freund? Ich will dir alles
erzählen. Wie ich dich nach deiner Veste ge-
sandt hatte, so kam — —

Landegg. Schweig, du lügst! Wolltest
mich schändlich betrügen, aber ich überlistete
dich! Ich kannte den alten Thurmwächter nur
allzugut, aber du verbargst ihn vor mir, und
ich lauerte vor dem Kloster! — Ich bin dir
nachgefolgt! Du hast Mathilden einem der
ärgsten menschlichen Bösewichter anvertraut;
ich habs gehört, wie du ihn den unschuldigen
Kindern als den tugendhaftesten Ritter schil-
dertest: Deine Absicht muß böse seyn! Du
trachtest vielleicht gar nach ihrem Leben, aber
dafür sollst du mir mit dem deinigen bürgen!

Statt-

Statthalter. Theurer Landegg, du verkennst mich ganz! Wie kannst du so etwas nur muthmaßen! — — Ich will dir alles offenherzig gestehen. Deine zu schnelle Befreyung erregte in mir den Verdacht, daß du alles dem alten Grafen verrathen hättest, vielleicht gar die Unschuldigen seiner Rache ausliefern wolltest.

Landegg. Und wären sie in keinen Armen nicht besser aufgehoben, als auf der Veste eines Bösewichts, gegen den man schon längst die Reichsacht hätte aussprechen sollen? O wir kennen uns, und du entkommst mir nicht! Du mußt mir Bürge und Geisel für ihre Sicherheit seyn?

Statthalter. Guter Landegg! laß nur mit dir sprechen! So viel als dir der alte Graf Both, noch einmal so viel soll dir werden, wenn —

Landegg. O ich handle nicht um Lohn! Ich bin rückgekehrt zur Ehrlichkeit, und lasse mirs mit Gewissensruhe gnügen! — — Du entkömmst mir nicht! Ich bin zehnmal stärker als solch ein Klosterweichling! Und fühlst du's nicht, daß der da oben meinen Arm noch mehr stärkt? Folge mir!

Statthalter. Und wohin? Landegg, wohin?

Landegg. Das sollst du schon erfahren! Sieh, hier dieß Schwert blinken, wenn du

nicht

nicht folgſt, wenn du einen Verſuch zur Flucht
wagſt, ſo ſtoße ich dirs ins Herz; aber bey
meiner rückkehrenden Ehrlichkeit ſey dirs auch
gelobt, und heilig geſchworen, daß dir kein
Haar gekrümmt wird, daß du frey und ungehindert heimkehren kannſt, wenn du dem ver-
ſöhnten Vater ſeine Kinder geſund in die Arme
lieferſt!

Statthalter. Ich folge! ich folge willig!
Aber daß du mich verriethſt, du — —

Landegg. (ihn fortführend) Hier iſts
zu Vorwürfen keine Zeit, nur fort!

Statthalter. (macht ſich durch eine ge-
waltſame Bewegung die rechte Hand frey,
zieht ſchnell einen Dolch aus dem Buſen,
und ſtößt den Landegg nieder) Da, Bube,
haſt du deinen Lohn!

Landegg. (ſinkt zu Boden) Gott! Gott!
erbarme ſich meiner!

Statthalter. Ha! Du trauteſt mir doch
zu viel! Ruhe ſanft bis morgen; wenn ich
vorüber ziehe, will ich dich ſchon begraben!
(er nimmt ſein Schwert, welches ihm Landegg entriſſen, und zur Erde geworfen hatte) Sollten noch mehr Verräther auf mich lau-
ern, ſo will ich ſie dir nachſenden! (ab)

Fünf-

Fünfter Auftritt.

(Ein schlechtes Gemach in Büchelsees Veste)

**Büchelsee. Mathilde. Eppenberg.
Jobst und Anna. (auf dem Tische
brennt ein Licht)**

Büchelsee. Ihr werdet der Ruhe bedür‐
fen! Ich will sie länger nicht verzögern! Schlaft
wohl! Und nehmt indeß vorlieb mit dem Ge‐
mache. Ich will euch morgen schon ein besse‐
res bereiten. Kommt, Alter, kommt! Auch
euch will ich eine Kammer zur Ruhe anwei‐
sen!

Jobst und Anna. (zu Mathilden)
Schlaft wohl, gestrenge Jungfrau!

Jobst. (heimlich zu Eppenberg) Seyd
ein wenig wachsam, mir ahndet, als ob's hier
nicht sicher wäre!

Büchelsee. Gute Nacht, lieben Kinder!
(geht mit Jobsten und Annen ab)

Sechster Auftritt.

Mathilde. Eppenberg.

Eppenberg. (für sich) Nicht sicher?
Gott, wenn neue Gefahr uns drohte?

— **Mathilde.** Eppenberg, was ist dir? Ich
glaubte dich fröhlich zu sehen, und du bist trau‐
rig!

J 5

Eppenberg. O Gott! Ich bin fröhlich, und überglücklich, wenn ich bedenke, daß du nun mein, und immer bey mir seyn wirst; aber ich bin auch traurig, wenn ich überlege, daß du Reichthum und Glück verlassen hast, und daß ich dir dieß nie, nie werde erstatten können.

Mathilde. Auch nicht mit deiner Liebe? O du mußt mich nicht so heftig, so innig lieben, wie ich dich liebe, da du noch zweifeln kannst, daß diese mir nicht Ersatz für Reichthum, und Glück, für Hoheit und Größe sey! Ich habe dich, und alle meine Wünsche sind befriedigt.

Eppenberg. Ich danke dir, theure Mathilde, ich danke dir aus vollem Herzen! Aber du wirst viel, wirst manches entbehren müssen, und dieß wird mir wehe thun! Dieß schlechte, elende Gemach, dieß noch elendere Lager! —

Mathilde. (sich in seine Arme werfend) Werde ich nicht in deinen Armen ruhen?

Eppenberg. Wohl mir, wenn du nur sicher ruhst!

Mathilde. Sicher? Warum? Was glaubst du?

Eppenberg. O ich hätte es nicht zugeben sollen! Besser, wir wären noch in unserer Felsenhöhle! Wollte Gott, meine Angst wäre ungegründet! Aber warum führte er uns durch tiefe Gänge, in dieß unterirdische Gemach, das so ganz einem Gefängnisse gleicht?

Mathil

Mathilde. That ers nicht um unser Sicherheit willen? Versprach er uns nicht, für Morgen ein besseres zu bereiten? Lieber Eppenberg, du trügst dich wirklich!

Eppenberg. Jobst warnte mich selbst! Auch er ahndet Unglück! Ich hätte ihn nicht von uns lassen sollen!

Mathilde. Auch Jobst? Du machst mich beben! Gott, wenn man uns betrogen hätte! Aber der Statthalter, bedenke nur selbst, übergab uns ihm! Er! der so lange unser Vater war!

Eppenberg. Freylich! Freylich! Wenn ich dieß überlege! Aber vielleicht ward auch er von ihm betrogen! Er schilderte uns ihn, als den gottesfürchtigsten Mann, und doch fluchte er lästerlich, als der Wächter das Thor nicht schnell genug öffnete.

Mathilde. Auch ich erschrack, als er so fürchterlich fluchte! Ach Eppenberg! Fliehen wir lieber weiter!

Eppenberg. Flucht ist unmöglich! Sorge dich nicht zu sehr! Muthmaßung ist nicht Gewißheit. Noch habe ich ein Schwert, das mir Jobst lieh, und damit will ich dich im Nothfalle mit allen Kräften vertheidigen!

Mathilde. Als ob ich nicht noch mehr für dein Leben, als für das meinige, zitterte! O

Du

du haſt Recht! Es iſt hier fürchterlich! Dieſe
ſchwarzen Wände! Dieß nur dämmernde Licht!

Eppenberg. Ich wills erhellen, und dann
an deiner Seite wachen! (er geht zur Lampe, welche auf einem Tiſche ſteht) Noch
wenige Tropfen Oel ſind darinnen! Bald wird
ſie verlöſchen! Ich will die Knechte aufſuchen,
damit ſie mir Oel geben!

Mathilde. O nicht ohne mich! (es raſſelt
vor der Thüre) Gott! Was war das? Hör-
teſt du nichts?

Eppenberg. Ja! Als ob man die Thüre
von außen verriegelte! (er geht hin, und be-
müht ſich vergebens, ſie zu öffnen) Sie iſt
verſperrt! (er klopft) He! Iſt Niemand da!

Mathilde. Gott! Wir ſind verlohren!
(die Lampe verlöſcht) Ah! nun auch finſter
(ſie eilt nach dem Fenſter, öffnet es) O es
iſt eng vergittert, und unten rauſcht Waſſer!
Eppenberg, wo biſt du?

Eppenberg. Hier, Mathilde, hier! (er
umfaßt ſie mit dem linken Arme) Sey ruhig, theures Weib, ich will dich mit Löwen-
ſtärke vertheidigen! (die Thüre öffnet ſich)
Nicht näher, wenn ihr nicht den Tod empfan-
gen wollt!

Sieben-

Siebenter Auftritt.

Vorige. Büchelsee. Zwey bewaffnete Knechte (mit Fackeln)

Büchelsee. (im Eintreten) Was giebts, liebe Kinder, was giebts?

Eppenberg. Man verriegelte von außen unsre Thüre! Unsre Lampe verlosch!

Büchelsee. Möglich, daß der Riegel sich von selbst senkte! Und darüber erschrackst du so? Begannst ein ungestimmes Lärmen? Bist auch sogar bewaffnet?

Eppenberg. Um mein Weib gegen jeden Anfall zu vertheidigen!

Büchelsee. (winkt den Knechten, sie fallen ihm seitwärts in den Arm, und entreißen ihm das Schwert)

Eppenberg. Ha, schändlicher Verrath!

Mathilde. Eppenberg! Mein Eppenberg!

Büchelsee. Nun? Willst dein Weib noch vertheidigen? Alberner Junge! Müßtest klüger seyn, wenn du mir trotzen wolltest!

Mathilde. Um Gottes Barmherzigkeit willen, was habt ihr mit uns vor?

Büchelsee. Sehr wenig, und doch auch sehr viel! Sollst es bald hören. (zu den Knechten)

ten) Steckt die Fackeln an die Wand, und bin-
det ihn!

Mathilde. (sinkt zu Büchelsees Füssen
nieder) Ach Erbarmen! Was hat er verbro-
chen?

Eppenberg. Nicht näher! Bösewichter!
Ich habe noch Hände zu meiner Vertheidigung!

Büchelsee. Nun! Vertheidige dich doch!
Willst du noch trotzen, noch ungestimm toben?

Eppenberg. O ich würde beydes thun,
wenn nicht ein Weib zu deinen Füssen läge, für
deren Sicherheit ich zittere, für deren Leben ich
zu dir um Barmherzigkeit flehe! Erbarme dich
ihrer, schone sie, und ich unterwerfe mich willig meinem Schicksale.

Mathilde. O mich treffe alles Unglück!
Nur ihn, ihn schone!

Büchelsee. Ihr winselt und fleht vergebens!
Mein Entschluß wankt nicht, ihr müßt euch
dessen fügen!

Mathilde. Hast du ihn, hast du auch mich
der Rache des erzürnten Vaters verkauft? Bedenke, daß er sterben muß, daß sein unschuldi-
ges Blut zu Gott um Rache rufen, daß der
Fluch meiner Verzweiflung dich treffen, und
für seinen Richterstuhl fordern wird — —

Büchel-

Büchelsee. Sorge dich nicht! Weder du, noch er, soll der Rache des Vaters geopfert werden. Ihr müßt sterben! Noch diese Nacht, noch diese Stunde sterben!

Eppenberg. Sterben? Ah das wäre schrecklich!

Mathilde. Gott, stehe uns bey! Sterben?

Büchelsee. Ja! Bereitet euch vor! Bethet, wenn ihr bethen wollt! das ist die einzige Gnade, die einzige Zeit, welche ich euch noch gönnen will!

Eppenberg. Grausamer! Was thaten wir dir? Hat uns nicht der Statthalter deinem Schutze anvertraut! Denke, daß er uns von dir wieder fordern, daß er strenge Rechenschaft von dir heischen wird!

Büchelsee. Ha, ha! Du irrst dich sehr! Auf seinen Befehl müßt ihr sterben! Ihm gelobte ich euren Tod! Und mein Gelübde werde ich unverbrüchlich halten!

Eppenberg. (zurückbebend) Auf seinen Befehl?

Mathilde. O es ist unmöglich! Du hast gegen ihn dich verstellt! Ihn und uns abscheulich betrogen! Willst nun sogar unsern Fluch, unsre Verzweiflung auf ihn wälzen! Ah, es wäre schrecklich, wenn er dem Tode uns über=

lieferte! Wo wäre Gottes Gerechtigkeit, wenn
solch eine That ausgeführt werden könnte!

Büchelsee. Noch ein und zum letzenmale,
bereitet euch darauf vor, für die Ausführung
der That will ich schon sorgen!

Eppenberg. Ihr seyd ein Ritter, und
wollt ein Mörder werden? Ihr seyd ein Christ,
und wollt durch solch eine That euch den Himmel rauben? Denkt, daß sie sicher entdeckt,
hier und dort schrecklich gerochen wird!

Büchelsee. Meine Langmuth endet! Schleppt
sie fort, und sturzt sie hinab in den Brunnen.

Mathilde. Ewiger, allgerechter Richter!
Stehe du uns bey! Eppenberg! O mein All-
geliebter! In deinen Armen soll mir der Tod
nicht bitter schmecken!

Eppenberg. Klammere dich an mich, Theure! Ich will stehen, wie ein Fels, sie sollen
mich nicht fortreissen! Ach erbarmt euch nur ihrer! Allmächtiger Gott, sende nur ihr Hülfe!

Mathilde. (sich aufs neue zu Büchelsees Füssen werfend) Wenn du ein Mensch
bist! Wenn je das göttliche Gefühl des Erbar-
mens in deinem Herzen ruhte, so solls mein
Flehen wecken! Erbarme! Erbarme dich unser!
Oder hat der Statthalter dir Lohn für unsern
Tod gelobt, so soll er dir durch mich doppelt,
zehnfach werden! Ich habe Geschmeide mit mir,
es ist schätzbar, und ich will dirs willig opfern!

Mit

Mit meinem Blute will ichs unterschreiben,
daß du durch meinen Vater noch mehr, noch
weit mehr erhalten sollst. Um sein Kind vom
Tode zu retten, wird er die Hälfte seines Reich-
thums nicht achten.

Büchelsee. Und wo ist dieß Geschmeide?

Mathilde. Das Weib, welches uns be-
gleitete, hats in Verwahrung!

Büchelsee. Bursche! Erinnert mich nachher dessen! Es wäre Jammerschade, wenn solche Kostbarkeiten so tief versenkt werden sollten!
Ich will die Beute redlich mit euch theilen.

Mathilde. Auch sie! Auch die unschuldigen
Alten sollen sterben? O das wäre ja — ich finde keinen Ausdruck für diese schwarze That!

Büchelsee. Fort mit ihm! (zu den Knechten.) Schleppt nur ihn fort, sie wird schon
folgen!

Eppenberg. (vergebens sich stemmend)
Ist denn meine Verzweiflung nicht stärker, als
diese elenden Stricke!

Mathilde. (ihm nacheilend) O Eppenberg, mit dir zu Gottes Throne! (wie sie sich
der Thüre nahen, erschallt eine Trompete)

Büchelsee. Was ist das? (noch ein Ruf)
Das kam von der Warte! Sollten Fremde kommen? Um Mitternacht? Wie wäre dieß möglich?

Achter

Achter Auftritt.

Vorige. Ein Knecht.

Ein Knecht. Gestrenger Herr, der Statthalter von St. Gallen hält mit einigen Reisigen am Thore, und fordert den Einlaß!

Büchelsee. Der Statthalter von St. Gallen?

Der Knecht. Ja, so nannte er sich! Er bittet euch dringend, sogleich zu ihm zu kommen!

Büchelsee. Was kanns denn geben? Vielleicht Abänderung des Plans, die ist nach dieser Erklärung unmöglich! (zu seinen Knechten) Kommt und verschließt die Thüre! (mit den Knechten ab)

Neunter Auftritt.

Eppenberg. Mathilde.

Eppenberg. Mathilde! Theures Weib! Dieß Schicksal bereitete ich dir! O ich muß verzweifelnd sterben, wenn Gott dich nicht rettet!

Mathilde. O ich hoffe aufs neue! Der Statthalter kommt. Würde er kommen, wenn die That ihn nicht reuete, wenn er nicht uns retten

retten wollte? Vielleicht erfuhr er itzt erst, daß
der Bösewicht ihn hintergangen und betrogen
habe! Was kann unser Tod dem Statthalter
nützen?

Eppenberg. Du hoffst vergebens! Frage
lieber, was unser Tod dem Ritter nützen könnte, lohnte die That ihm nicht der Statthalter? — — Löse nur meine Bande, damit ich
meine Hände frey erhalte! Ich will sie mir nicht
mehr fesseln lassen! Ich will in deiner Vertheidigung sterben!

Mathilde. Wenns meine Kräfte nur vermögen! Todesangst hat sie mir alle geraubt!
(sie löst die Stricke. Von außen hört man
rufen) Beno! Willibald! Kommt herauf, geschwind! geschwind! (eine nähere Stimme
antwortet) Was giebts denn? Wir kommen
schon!

Eppenberg. Man ruft unsre Wächter ab!
(geht zur Thüre) Ah! Sie ist nur allzuwohl
verwahrt! — Man kommt aufs neue! Nein,
bey Gott seys geschworen, sie sollen mich nicht
mehr binden! (es klopft an der Thüre)
Wer ist hier?

Jobst. (von außen) Macht auf! Macht
auf! Ich weis nicht, was vorgeht. Hört ihr
denn nichts? Oben gehts schrecklich zu! Ich
höre Waffengetümmel!

Mathil-

Mathilde. O sagte ichs nicht? der Statthalter wird uns zur Rettung herbey eilen! Der
Bösewicht wird sich widersetzen!

Jobst. (klopft aufs neue) Macht nur
auf, der Lärm kommt immer näher!

Eppenberg. Schieb den Riegel weg! Wir
sind versperrt! Der Bösewicht wollte uns ermorden!

Jobst (von außen) Ermorden? Gottes
Barmherzigkeit! Ha! Dachte ichs nicht? Es
liegt ein Schloß vor! Ich kanns nicht öffnen!
Sorgt euch nicht, so lange ich lebe, will ich die
Thüre vertheidigen! Es kommt immer näher!

Mathilde. Vielleicht sinds unsre Retter!
Der Statthalter ist eben angelangt!

Jobst. (von außen) Um Gottes Barmherzigkeit willen! Ich höre die Stimme eures
Vaters! Auch Lüttisburg ist bey ihm! Hört ihr?
O verbergt euch vor seinem Zorne! (das Ge-
tümmel kommt immer näher)

Mathilde. Mein Vater! Gott im Himmel!

Eppenberg. Ihm wird uns der Statthalter übergeben!

Mathilde. O verbirg dich, Eppenberg!
Verbirg dich! Ich will mit meinen Händen
seine Knie umfangen! Mein Flehen soll seinen
Grimm dämpfen!

Eppen-

Eppenberg. Nein, ich will mich ihm entgegen stellen! Sonst trift der erste Todesstoß dich! Mein Blut wird ihn versöhnen!

Gr. Friedrich. (von außen) Sprengt die Thüre auf! Eilend! Geschwind!

Jobst. (von außen) Ach gestrenger Herr! Erbarmt euch ihrer!

Gr. Friedrich. Nur geschwind! (die Thüre wird aufgesprengt)

Zehnter Auftritt.

Vorige. Graf Friedrich. Lüttisburg. Jobst. Viele Reisige.

Gr. Friedrich. (auf Mathilden mit offnen Armen zueilend) Ach ich habe mein Kind wieder! O meine Tochter! O mein einziges Kind!

Mathilde. Vergebung, mein Vater! Vergebung! (knieend) Ach erbarmt euch auch seiner!

Gr. Friedrich. Wo ist Eppenberg? Wo ist mein Sohn?

Mathilde. Sohn? Gott im Himmel! Sohn? Hörte ich recht! Ihr wollt ihm vergeben? Er, euer Sohn?

Gr. Friedrich. Ja, er soll mein Sohn seyn! Soll mir den Verlust meines Ferdinands

ersetzen

erſetzen! Weine, meine Tochter, weine! Mein
Ferdinand iſt todt!

Mathilde. Todt mein Bruder? O das
heißt gränzenloſe Freude mit Jammer würzen!
Er verzeihe mir, wenn ich in dieſem Augen-
blicke ihm keine Thräne weihen kann! Mein
Herz iſt zu voll der Freude! Wo iſt mein Eppenberg, daß ich ihn zu euren Füſſen führe!

Eppenberg. (drängt ſich vor, und ſtürzt
zu des Grafen Füſſen nieder) Vergebt! Verzeiht mir Unglücklichen!

Gr. Friedrich. (ſich über ihn beugend)
Du thateſt mir viel! Du griffſt in mein Herz!
Raubteſt mir mein Kind, mit ihr all meine
Hoffnung! All meine Ausſichten! In meinem
höchſten Grimme ſchwor ich dir Rache, aber
bald darauf gelobte ich dir in der Größe meines
Jammers Vergebung! Sie ſey dir gewährt!
Komm in meine Arme! Auch du! Mathilde,
auch du! (ſie umarmen ihn Beyde) O es
ruht ſich ſo ſanft! Da! Da! Nimm ſie aus
meiner Hand! Gottes Segen ſey mit euch!
(zu Eppenberg) Er hörte deinen Schwur,
und wird dich ſtrafen, wenn du ihn brichſt!
O Eppenberg, laß es ihr wohl gehen! Es iſt
mein einziges Kind! Lohne ihre ſeltne Liebe mit
voller Treue!

Eppenberg. Graf — —

Gr.

Gr. Friedrich. Nenne mich nicht Graf! Nenne mich Vater!

Eppenberg. Vater! Vater! Ich will — ich wünsche! O ich brenne für Begierde euch zu danken! Aber ich kann nicht! O dieß Ge= fühl! — — Dieß Stammlen! O dieß gewal= tige Streben und Klopfen meines Herzens! Nehmts! Nehmts für Dank! Mathilde mein? Und kurz zuvor am Rande des Todes? Mein Weib! Mathilde, mein Weib? (er sinkt in ihre Arme)

Gr. Friedrich. (von Empfindung hin= gerissen) Wie sie sich lieben! Ach es sind mei= ne Kinder! (sich auf Lüttisburgs Schultern lehnend) Du hast Recht! Verzeihung ist eine göttliche Tugend! Sie belohnt herrlich! — — (er eilt auf sie zu) Nehmt mich auch in eure Mitte! So! So! Ach ich brauche Trost, und werde ihn sicher bey euch finden. Und nun fort von hier, wo alles so wüste und traurig ist, wo alles mich an ein Grab erinnert. Kommt, Kinder, kommt!

Mathilde. Nein! Nicht eher, bis ich Gott für seinen wunderbaren Schutz gedankt habe! Vater, ohne des Allmächtigen Schutz hättet ihr uns ermordet gefunden!

Gr. Friedrich. Wie? Höre ich recht? Er= mordet? Vertrautet ihr euch nicht selbst dem

K 4

Statt=

Statthalter? Und übergab er euch nicht dem
Schutze des hiesigen Burgherrn?

Mathilde. Er thats! Aber ehe, ihr kamt,
wollte er ihn und mich in einen Brunnen
stürzen.

Gr. Friedrich. Ah der Bösewicht! O der
schändliche Heuchler! Eile, Lüttisburg, eile,
schleppe ihn her vor Gericht! Deswegen geboth er uns also solche Eile, weil er bey spä-
terer Ankunft das Bubenstück schon vollendet
glaubte, und dann meine Rache fürchtete. Geh!
Eile! Bringe ihn und den Burgherrn her!
(Lüttisburg eilt ab) Ich gelobte Beiden Sicherheit, Freyheit, und großen Lohn, wenn ich
euch wieder fände! Ich schonte des Letztern absichtlich, als er sich uns widersetzte, weil ich
glaubte, er vertheidige seine Freunde, aber weh,
nun ihm, wenn er so schändlich handelte!

Eppenberg. Erlaubt eurem neuen Sohn
eine Bitte! Wenn der Statthalter euch unsern
Aufenthalt selbst entdeckte, wenn er euch Eile
geboth, so ist dieß der deutliche Beweis, daß
ihn wenigstens ein Vorsatz reute, und dann —

Mathilde. Ja wohl, dann verdient er
Vergebung wie wir. Auch wir kränkten euch
innig!

Gr. Friedrich. Nein, ihr irrt, wenn ihr
glaubt, daß er freywillig zu mir kam, und
eben so alles entdeckte. Ritter Landegg, dem
ihr

ihr viel zu danken habt, versicherte mich, daß
ihr wahrscheinlich zum Statthalter eure Zuflucht genommen hättet. Er versprach, wenn
ich alles vergessen und vergeben wolle, euch
bald in meine Arme zu liefern. Ich gelobte es,
und er eilte fort. Lange harrte ich seiner, als
er aber nicht wiederkehrte, als meine Sehnsucht
nach euch wuchs, und banges, dunkles Gefühl
mich marterte, da sammelte ich um Mitternacht
meine Reisige, zog gegen die Abtey mit dem
festen Vorsatze, euch mit Drohung und Gewalt
von dem Statthalter zu fordern. Eben wie ich
in der Mitte des Forstes anlangte, sahen meine
Reisige beym Scheine der Fackeln einen Mann
sich im Gebüsche verbergen, sie jagten ihm nach,
und schleppen ihn zu mir. Ich erkannte sogleich in ihm den Statthalter, und zwang ihn
durch schreckliche Drohungen zum Bekenntniß!
Er gestand, daß er euch einem Freunde anvertraut habe, dessen Veste unfern liege. Ich ließ
ihn binden, und jagte hieher. Er mußte dem
Wächter seinen Namen nennen, und so langte
ich bald und ohne Kampf zu euch! O hätte ich
erst gewähnt, daß Hülfe so nöthig sey, ich würde
euch noch früher, noch eher der schrecklichen Todesangst entrissen haben.

Eilf-

Eilfter Auftritt.

Vorige. Der Statthalter. Büchelsee.
(Beyde gebunden) Reisige.

Lüttisburg. Eben kam ich noch zu rechter Zeit! Der Schurke hätte die Reisigen bald überlistet! Er drang auf seine schnelle Abreise, schützte euer Ehrenwort vor, und behauptete, daß man ihn frey ziehen lassen müsse, da er die Gräfinn euch bereits übergeben habe.

Gr. Friedrich. Führt sie vor! (sie werden vorgeführt. Zu Büchelsee) Bösewicht! was thaten dir die Unschuldigen, daß du die Gastfreyheit so schändlich verletztest? Diejenigen, die deinem Schutze anvertraut wurden, gleich einem Meuchelmörder worden wolltest?

Büchelsee. Ha! Haben die weinenden Kinder es dem gutherzigen Vater schon geklagt? Immerhin! Ich habe doch nur ein Leben, und mehr als dieß könnt ihr mir nicht nehmen!

Statthalter. (heimlich zu Büchelsee) Freund! sey standhaft! Verrathe mich nicht, und ich rette dich dann auch!

Büchelsee. (laut) Ey seht doch! Soll ich vielleicht allein für den Riß stehen, damit ihr darüber wegspringen könnt! Nein! Ihr wäret ein furchtsamer Haase, und habt alles gestanden, sollt also dafür büßen!

Statt-

Statthalter. Freund, Theurer! Höre nur!

Büchelsee. Schweigt! Ich that Unrecht, daß ich mich mit euch bemengte! Hätts vermuthen können, daß solch ein Weichling zu großen Unternehmungen nicht tauge! Will der kindische Bube den großen Mann spielen, will sich kühn über die Gesetze wegschwingen, und versteht das erste, größte Lehrstück nicht, kann nicht läugnen! Graf! gewährt mir Linderung eurer Rache, und ich entdecke euch alles!

Statthalter. Mir! Mir diese Linderung, und ihr sollt alles erfahren! Er wars, der mich zu der schändlichen That verleiten wollte, er —

Büchelsee. O niederträchtiger Lügner! Wer billigte den Rath? Wer lieferte die Schlachtopfer in meine Hände? Graf! Er wäre der Mörder gewesen, nicht ich! Er wollte euch kinderlos machen, um einst Erbe der Grafschaft zu werden!

Gr. Friedrich. Führt sie fort! Ich kann die Bösewichter nicht mehr sehen! Lüttisburg, deiner Obsorge vertraue ich sie! Sie sind zur Strafe reif, und, bey Gott, diese soll ihnen im vollen Maase werden! Es ist Wohlthat für die Menschheit, und Verdienst bey Gott, wenn solche Verbrechen gestraft werden! Führe sie nach meiner Burg, und bewahre sie wohl!

Statthalter. Graf, bedenkt: Wer ich bin?

Gr.

Gr. Friedrich. Und wärst du in den Augen des ganzen Volks ein Heiliger, ich würde des Glanzes nicht achten, dir die Larve vom Gesichte reissen, und dich Jedem zur Schau stellen. Führt sie fort! Nur Eins noch! (zum Statthalter) Wo ist Landegg? Ich sandte ihn zu dir? — Du stokst! Ha, wo ist er? Bekenne, oder dein Leben endet noch heute!

Statthalter. Er — er hatte meinen Anschlag entdeckt, er fiel mich im Forste an, wollte mich zu euch schleppen, und in der Gegenwehr erstach ich ihn. Noch liegt sein Körper im Forste, nahe an der Höhle — —

Gr. Friedrich. Schrecklich, und wehe dir! — Lüttisburg! Er soll dich auf den Weg dahin leiten, vielleicht ist noch Hülfe möglich!

Büchelsee. Haha! des herrlichen Knaben, der alles bekennt, wenn er die Ruthe sieht! O Graf, laßt dieß meine einzige Gnade seyn, und richtet den Buben eher als mich, damit ich vor meinem Ende noch die Freude genieße, mich über seine kindischen Gebärden recht satt zu lachen!

Gr. Friedrich. Fort mit ihnen, daß ich den Frevel nicht mehr höre! (sie werden abgeführt) Lüttisburg! vergiß des armen Landeggs nicht! O ich gäbe viel darum, wenn ich ihn retten könnte!

Eppenberg. Gott, solchen Händen vertraute er uns!

Mathil-

Mathilde. O mich schaudert! Wer weis, wie vieler Unschuldigen Blut an diesen Mauern klebt.

Gr. Friedrich. Mathilde, du hast Recht! Kommt! Kommt! Sonst verbittert mir dieser Anblick jede Freude! (sie wollen ab).

Jobst. (tritt mit seinem Weibe an der Hand hervor, und hält Mathilden an) Und meiner vergeßt ihr so ganz? Soll ich allein trauern? Oder hier sterben?

Mathilde. Ha! mein Vater! Freude machte mich undankbar! Seht, Diese befreyten meinen Eppenberg! Verließen um meinetwillen alles! Vergebt auch ihnen!

Jobst. Wir thatens aus gutem Herzen.

Anna. Aus Erbarmen über das Leiden eures Kindes! (sie knien nieder)

Gr. Friedrich. Nein, Jobst, nein! Mein Gefangenwärter kannst du nicht mehr werden; dein gutes Herz könnte dich einst auch bey dem Flehen eines Bösewichts irre führen! Sollst mein Allmosenausspender seyn! Und giebt dein redliches Herz dann und wann auch dem Schurken eine reiche Gabe, so wirds Gott der Absicht wegen doch lohnen!

Jobst. Anna. (zugleich) Gottes reichster Segen über euch!

Eppenberg. Auch meinen Dank! Edler Vater!

Mathil=

Mathilde. Und die heiligste Versicherung, daß wir euch allen Kummer tausendfach vergüten wollen! (sie umarmen Beyde seine Knie)

Gr. Friedrich. Ach! Ist mir doch wieder so wohl, weil ich in der Mitte meiner Kinder, und guter Menschen stehe! Näher! Näher zu meinem Herzen! (er hebt sie auf) Eppenberg, sollte der Kaiser meine Bitte auch nicht gewähren, sollte ich dir mein Erbe nicht sichern können, so solls euch doch auch nach meinem Tode wohl gehen! Ich will thun, was ich vermag! Aber dafür müßt ihr, zum Lohne, mich nicht Enkellos sterben lassen! (Alle ab)

Ende des Stücks.